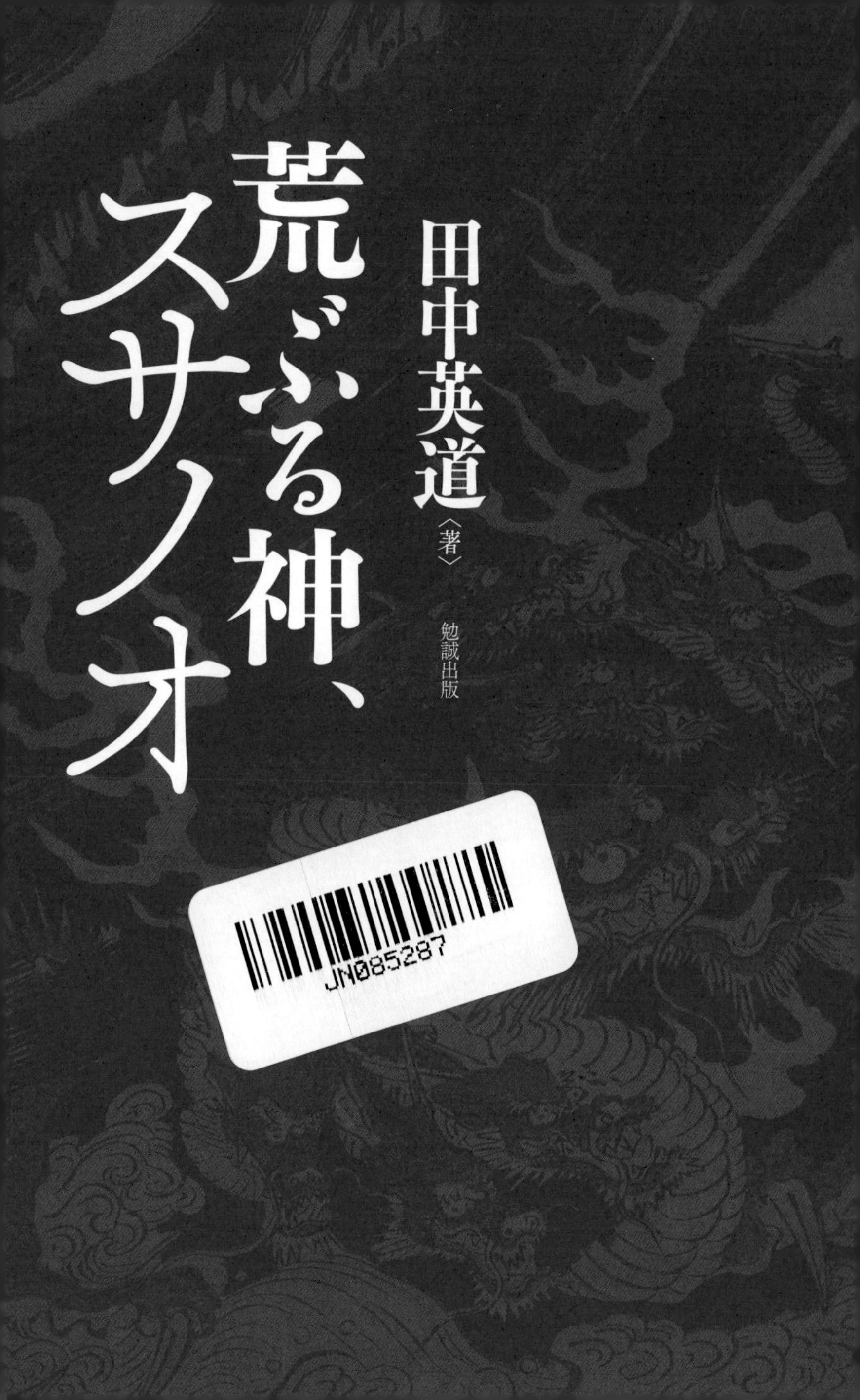

# 荒ぶる神、スサノオ

田中英道〈著〉

勉誠出版

# スサノオはなぜ荒ぶるのか

田中英道

日本神話において、「荒ぶる神」スサノオの尊ほど、意表を突くような神はいないでしょう。「荒ぶる」とは気性の激しい、という意味だけではなく、凶暴な、獰猛な、という意味をもつことをみても、本来の日本人のあり方ではありません。日本人は、農耕を中心とした採集、狩猟、漁労の民族ですが、そのいずれの職業も、別に荒々しく行う必要はありません。縄文時代の遺跡から発掘される遺体をみても戦争によって傷ついた人々の数は少ないのです。日本人は最も、戦争が少ない民族だと言われています。中国人は、日本兵が凶暴な行為を行った、と戦後言い募りましたが、現在は、それが事実ではなかったことが明らかになっています。例えば「南京虐殺」は、でっち上げであったことは、日本では明らかにされています。

日本人は、情熱的だとか、熱血漢だとか、短気な感情は見せますが、それを超えて凶暴・獰猛になることは比較的少ないと思われます。日本の穏やかな温帯性気候は、そうした性格を作らないと言われています。しかし意外にも日本の神話の中には、こうした性格を持ったものが多く現れるのです。

確かにその名前に由来している、という人もいます。神名の「スサ」は、荒れすさぶの意として嵐の神、暴風雨の神とする説や（高天原でのスサノオの行いは暴風雨の被害を示すとする）、「進む」と同根で勢いのままに事を行うの意とする説、出雲西部の神戸川中流にある須佐（飯石郡須佐郷）に因むとする説（スサノオは須佐郷の族長を神格化したものとする）があるといいます。

しかし、どうもこの程度では、スサノオの性格は説明できないようです。一体何故荒ぶる神が日本神話に登場するのでしょうか。この本は、それを論じることに特化してみました。それが日本神話を理解する上で重要な鍵だと思われるからです。

スサノオは、イザナギ、イザナミ二神の子として（『日本書紀』）、またイザナギの禊《みそぎ》のときに、アマテラス、ツクヨミという日月神とともに（『古事記』）出現しますが、父、イザナギから定められた海の国を治めようとせず、母がいる根の国に行きたいと泣き喚き、イザナギに追放されてしまいます。それにもかかわらず、いとまごいと称して、高天原にいる姉のアマテラスに会いにやって来る。アマテラスは恐れ、武装して迎えます。アマテラスはいつも、その粗暴な行動を恐れ、高天原を奪われることを疑っているのです。スサノオが清明な心を持っているとは思えない、と考えているのです。

私はアマテラスが太陽信仰、自然信仰の根源として、その精神に「清明な心」を持っているという記述をしていることに注目します。まさにそれが、全ての自然的な存在の精神を語る言葉なのです。自然と一体となれば、それだけでも、清らかで明るくなる、というのです。それを、スサノオは、誓約《うけい》をすることで、自分もそうだというのです。しかし実際は、そうではないことは、勝利の奢りの精神を持ってしまうことでわかります。そしてこの高天原で、様々な乱行を重ねてしまうのです。その結果アマテラスは「天の岩戸」に隠れてしまうのです。

私の日本の神話を読み解く精神は、本文でも述べるように、二十世紀の最大の文化人類学者、レヴィ・ストロースの「日本の神話は、歴史と融合している」という言葉と、江戸時代の人文学者、新井白石の日本の神話における「神は人なり」という理解に、共感しているからです。

ここまでのスサノオの神話を、歴史として書き直してみようとすることが本書の目的です。これまで、私の多くの本で、歴史として解明して来た神話の解読に沿ったものです。

「高天原」とは、今日でもその地名が残っている、鹿島神宮、香取神宮近くを中心とした関東のことですし、筑波山には、二つの頂上があり、それはイザナギとイザナミの尊の名がつけられています。富士山の見える関東が「高天原」と言って良いでしょう。富士山は、「天の原」と『万葉集』で歌われています。それが、『記紀』両方で、伝えている「日高見国」という歴史上の地域であったのです。

人々を結ぶ役割の、最も古いタカミムスビの家系によって、長らく統治されて来た日高見国は、イザナギの時代になってさらに発展し、太陽の祭祀王としてアマテラスが登場しました。

その時に、このスサノオがその異母姉弟として登場して来たのです。すでに妻のイザザナミは無理な出産で死んでいましたから、イザナギは日本に多くやって来た帰化人の女性と結婚したと考えられます。

父のイザナギが、スサノオに与えた仕事は、海を統治することでした。つまり、海からやって来た人々の中に、スサノオがいたからこそ、その仕事を与えたのでしょう。しかし、その仕事を嫌がり、ここで、死んだイザナミに会いに「根の国」に行きたいと、まるで死んだ母を慕う子供のような態度をとります。イザナギは怒って彼を高天原から追放します。つまり東の日高見国から西へ追放するのです。

ところがすぐに従わず、姉のアマテラスに「いとまごい」と称して、日高見国に戻ります。姉のアマテラスは日高見国に攻めてくるのではないか、と疑い、武装して迎えます。しかし愛情深い姉は、弟の粗暴な態度にもかかわらず、スサノオの「心の清明さ」を明かす誓約《うけい》を受け入れてしまいます。三人の姉妹をもうけたスサノオはそれで「心の清明」を明かすことが出来、何故か勝利した、と思ってしまい、日高見国で、多くの罪行を犯してしまうのです。神に捧げるために機織りをしている機小屋に穴をあけ、まだら毛の馬の皮を逆さに剝ぎ取って穴から落とし入れたので、機織り女はこれに驚き、梭《ひ》で陰部を突いて死んでしまった、という事件さえおこすのです。この乱暴な出来事は、スサノオが馬を使う、遊牧民族の出で、機を織るなどという定着民族の事情を知らないものの行為だということがわかります。

この狼藉を恐れて、アマテラスは、天の岩戸に隠れてしまい世界が暗黒につつまれてしまいます。これは関東の出来事であったので、富士山が大噴火をしたのと重ねることが出来るかもしれません。これまで言われて来た、月食で暗くなった、というような簡単なことではないと思われます。月食はせいぜい、七分間位しか続きません。

この暗い中で、元祖タカミムスビの家系を中心に人々は相談し、やはり外来系のアメノウズメの舞踊など、暗い世界が明るい世界になるような祭祀が執り行われます。アマテラスは復帰し、また世界が明るくなります。その原因をつくったスサノオは厳罰に処せられます。しかし弟なので死刑は免れ、東の日高見国から追放され、財産も没収されます。そして根の国、西の出雲国にたどり着きます。

そこで、泣いている老夫婦に出会い、おそろしい八岐大蛇が、自分らの娘たちを食べてしまうと訴えたので、八岐大蛇に酒を呑ませて退治します。その時、老夫婦の娘を櫛の姿にして、自らの美豆良に挿して出発し、勇躍大蛇を剣でずたずたに切ってしまうのです。この勇猛ぶりも、またユダヤ人が持っている美豆良の風習も、彼らの特性が発揮されていると、認識することが出来ます。

こうして神話に描かれている一部分を、歴史の文章に置き換えてみても、日本の古代史には、東と西の分裂した展開がある、ということが理解されます。

この本は、『日本国史学』（十六号）という学会誌に書かれた論文を、読みやすくしたものです。日本の神話について、多くの方々に再認識してもらおうと思うからです。勉誠出版、また、リライトで御協力を仰ぎました尾崎宏之氏に感謝いたします。

目次

## 第二章　スサノオはどこから来たのか……31



## 第三章　スサノオが乱暴狼藉を働く理由……59

## 第六章　なぜヤマタノオロチを倒すのか……145

# 第一章　異質な存在、スサノオの正体

## スサノオについての基礎知識

スサノオノミコト（以下、スサノオ）は、有名なことにかけては日本神話の中でも一、二を争う神様です。最も知られているエピソードは、おそらく、クシナダヒメという少女を救うために八首八尾の怪物・ヤマタノオロチと闘って退治し、そのオロチの尾から出てきた剣こそ三種の神器のひとつとなる草薙剣《くさなぎのつるぎ》だった、というものでしょう。

スサノオには、勇猛果敢な戦士にして英雄というイメージがあるようです。そこで、スサノオそのもの、またスサノオにまつわる事物は、現代のアニメやコンピュータゲーム、映画の世界にもたびたび登場します。

二〇一六年に『シン・ゴジラ』（庵野秀明監督、東宝配給）という怪獣映画が話題になりました。友人に聞くと、映画に登場する、ゴジラに血液凝固剤を飲ませて凍結させる「ヤシオリ作戦」は、スサノオがヤマタノオロチを眠らせるために飲ませた酒・八塩折之酒（ヤシオリの酒）が出典といいます。二〇二〇年に新型コロナウイルスの合併症によりフランスの地で亡くなったデザイナーの高田賢三氏が創始した世界的服飾ブランド・KENZOは、二〇一七年九月のいわゆるパリコレの春夏ファッションショーに巨大なヤマタノオロチを登場させていたと聞きます。ランウェイつまりショーの舞台に登場したヤマタノオロチとスサノオはとてもカラフルなものでしたからKENZOのオリジナル作品だと思った招待客も多かったかもしれませんが、これは広島県の伝統芸能「ひろしま神楽」をそのまま舞台に上げたものでした。

古来、また、むしろ今の若い世代においてはなおさら、スサノオは日本神話の神様の中で最も身近な存在であると言うことができるかもしれません。しかし、『古事記』や『日本書紀』などの歴史書に書かれているスサノオのプロフィールをよく知っている人は多くはないでしょう。また、書かれていることは知っていても、そこから読み取れるスサノオの真実について理解している人はさらに少ないはずです。

結論から先に言いましょう。私は、「スサノオは朝鮮ではなく西方に由来を持つ外来の神様であり、他の日本の神様とは違う」と考えています。そうでなければ理解できない話が、『古事記』や『日本書紀』などに書かれている日本神話の中に頻出するのです。

スサノオが今でも、ある種、派手で突出した存在感をもって扱われる理由もそういったところにあるはずです。本書はこれから、スサノオは西方に由来を持つ外来の神様である、ということを詳しく、わかりやすく解説していきます。

まず、スサノオとはどういう神様なのかということをこれまでどのように知られているか、引用しておきましょう。『旺文社日本史事典』（旺文社）で、スサノオは漢字で「素戔嗚」と書かれ、次のように説明されています。

《日本神話の神。天照大神《あまてらすおおみかみ》の弟。「須佐之男命（『古事記』）」とも書く。記紀によると高天原《たかまがはら》で大暴れをし、それを怒った天照大神が天岩戸にこもった（天岩戸神話）。そのため素戔嗚は根の国に追放され、出雲に下り、ここで八岐大蛇《やまたのおろち》を退治し、稲田姫《くしなだひめ》と結婚したという。大国《おおくに》主命《ぬしのみこと》はその子孫とされている》

スサノオはアマテラスの弟です。アマテラスの弟として生まれた、その誕生はどのようなものだったのか、というところから始めましょう。

## スサノオの誕生

『古事記』によれば、スサノオは、イザナギが「黄泉の国」から帰還して「神産み」をすることになって日向で禊《みそぎ》を行ったときに、イザナギの鼻から生まれました。つまり、スサノオはイザナギの子であると言っていいでしょう。順を追って説明します。

天地開闢といいますが、世界が初めてでき、その後で七代の神様が成り現れます。その最後の七代がイザナギという男神とイザナミという女神でした。イザナギとイザナミは高天原に住む先代の神々に国土をつくるよう命じられ、まずオノコロ島をつくり、そこでイザナギはイザナミと結婚し、次に「国産み」を行って、いわば今の日本列島を儲けました。日本列島の島々はイザナギとイザナミの子供たちです。

イザナミは島々の他に森羅万象（石、木、海、水、風、山、野、火）を生むのですが、最後に火の神・カグツチを生み、火傷を負って死んでしまいます。イザナギはイザナミに再会すべく、「黄泉の国」へ行きます。イザナミは、「ともに帰ることができるように黄泉の国の神様たちと相談するがその間は決して覗いてはいけない」とイザナギに約束させますが、イザナギはその約束を破ります。イザナギが目にしたのは、腐敗して変わり果てたイザナミの姿でした。

イザナギはイザナミの姿に恐れおののいて黄泉の国を逃げ出します。イザナミが追いかけてきます。イザナギは黄泉の国との境・黄泉比良坂《よもつひらさか》を大岩で塞ぐことで脱出・帰還します。

黄泉の国は死者の国であり、穢れています。黄泉の国から帰ったイザナギには、その穢れを落とす必要がありました。そこで、日向で禊を行う、ということになるわけです。イザナギは、「筑紫《つくし》の日向《ひむか》の橘《たちばな》の小門《おど》の阿波岐原《あはきはら》」という場所で禊をします。この時にスサノオが現れます。

禊《みそぎ》においてイザナギはまず、身につけていたものを投げ捨てます。杖から現れた衝立《つきたつ》船戸神《ふなとのかみ》をはじめ、投げ捨てたものからは十二神が現れました。次にイザナギは水中で身体を洗います。黄泉の国で付着した穢れの垢から二神、その穢れの禍を治そうとする神が三神、水底・水中・水面でそれぞれ二神ずつといった具合にたくさんの神が現れたあと、三貴子（みはしらのうずのみこ、さんきし）とも呼ばれる三神が現れます。
イザナギが左目を洗った時にアマテラスが現れました。右目を洗った時にツクヨミが現れます。そして、イザナギが鼻を洗った時にスサノオが現れます。この三神が現れた時、イザナギは次のように言いました。

《「わたしは随分たくさんの子を生んだが、一番しまいに三人の貴い御子《みこ》を得た」》
（『新訂古事記』武田祐吉・訳注、中村啓信・補訂解説、角川書店、一九七七年）

アマテラス、ツクヨミ、スサノオが三貴子と呼ばれる理由はこのイザナギの言葉にあります。そしてイザナギはたいへんな喜びをもって、この三神に重要な役目を授けます。『古事記』には次のように書かれています。

《（イザナギは）頸にかけておいでになった玉の緒をゆらゆらと揺がして天照らす大

御神（アマテラス）にお授けになって、「あなたは天を治めなさい」と仰せられました。この御頸に掛けた珠の名を御倉板挙《みくらたな》の神と申します。次に月読の命（ツクヨミ）に、「あなたは夜の世界をお治めなさい」と仰せになり、須佐の男の命（スサノオ）には、「海上をお治めなさい」と仰せになりました》（前掲書『新訂古事記』）

ちなみに、ツクヨミが治めるよう命じられた《夜の世界》は、原文の読み下しでは《夜の食国《おすくに》》と書かれています。「食国」は『古事記』にしか出てこない言葉で、具体的にどういった国なのか伝わっていません。『古事記』がまとめられた当時の人々が月歴を使い、農作業の日程を月の動きに頼っていたことと関係していると考えられています。

さて、『古事記』には、スサノオはイザナギの鼻から生まれたと書かれています。しかし、『日本書紀』では、スサノオはイザナギの鼻から生まれたという話は異聞つまり「他に伝えられていることとしては」というかたちで書かれているのみです。実は、『古事記』と『日本書紀』とでは、スサノオが現れるときのエピソードが異なっています。

## 『古事記』と『日本書紀』のスサノオの違い

知日家として知られる二〇世紀フランスの文化人類学者レヴィ・ストロースは「『古事記』は文学的で、『日本書紀』は学術的だ」と評価しました。『古事記』は一貫した物語的な体裁がとられていますが、『日本書紀』は、編纂当時に用意された様々な文献や記録から「一書（あるふみ）に曰く」というかたちで異伝を整理して併記する、一種の史料集のようなかたちになっています。神話においては特に顕著で、「神代」の第五段、イザナギとイザナミの国生み・神生みについては全部で十一の異伝が併記されており、『日本書紀』中で最大です。スサノオがイザナギの鼻から生まれるという話は第六の「一書に曰く」として記録されています。

異伝ではなく、『日本書紀』第五段の正文として書かれているスサノオ登場は次のようなものです。つまり、これが『日本書紀』の公式見解ということになります。

《そして伊奘諾尊《いざなぎのみこと》・伊奘冉尊《いざなみのみこと》が共に相談していわれる。「私はもう大八洲国や山川草木を生んだ。どうして天下の主者《きみたるもの》を生まないでよかろうか」と。そこで一緒に日の神を生み申し上げた。大日孁貴《おおひるめのむち》という。――一書に天照大神《あまてらすおおみかみ》という――この御子は、はなやかに光りうるわしくて、国中に照りわたった。それで二柱の神は喜んでいわれるのに「わが子たちは沢山いるが、まだこんなにあやしくふしぎな子はない。長くこの国に留めておくのはよくない。早く天に送り高天原の仕事をしてもらおう」と。このとき、天と地はまだそんなに離れていなかった。だから天の御柱をたどって、天上に送り上げた。次に月の神をお生みになった。そのひかりうるわしいことは、太陽に次いでいた。それで日と並んで治めるのがよいとまた天に送った。つぎに蛭子《ひるこ》を生んだ。三年経っても足が立たなかった。だから天の磐櫲樟船《いわくすふね》（丈夫な樟の船）にのせて、風のまにまに放流した。次に素戔嗚尊《すさのおのみこと》を生んだ。このかたは勇しく荒々しくて、残忍なことも平気だった。また常に泣きわめくことがあった。それで国内の人々を多く若死させた。また青山を枯山にさせた。それで父母の二神は素戔嗚尊にいわれるのに「お前はたいへん無道である。だから天下に君たること

ができない。必ず遠い根の国に行きなさい」と。そしてついに追いやられた》

（『全現代語訳日本書紀』宇治谷孟・訳、講談社、一九八八年）

スサノオが生まれたときの様子として、「一書に曰く」の第一には次のように書かれています。『古事記』のように、鼻から生まれたのではありません。

《伊奘諾尊《いざなぎのみこと》のいわれるのに「私は天下を治めるべきすぐれた子を生もうと思う」とおっしゃって、そこで左の手で白銅鏡《ますみのかがみ》をおとりになったときに、お生まれになった神が大日孁尊《おおひるめのみこと》である。右の手で白銅鏡をお取りになったときに、お生まれになった神が月弓尊《つくゆみのみこと》である。また首を回して後をごらんになった丁度そのときに、お生まれになったのが素戔鳴尊《すさのおのみこと》である。このうち大日孁尊と月弓尊は、共にひととなりがうるわしいので、天地を照らし治めさせられた。素戔鳴尊は、性質が物をそこないこわすのを好むところがあった。だから下にくだして根の国を治めさせた》

（前掲書『全現代語訳日本書紀』）

スサノオは、イザナギが首を回して後ろを見た、つまり、よそ見をしているときに生まれた、と書かれています。読めばすぐにわかると思いますが、大日孁つまりアマテラスおよび月弓つまりツクヨミとスサノオとでは扱いが大きく違っています。スサノオは、明らかに悪者として考えられていると言っていいでしょう。

アマテラスとツクヨミは《共にひととなりがうるわしいので、天地を照らし治めさせられた》として、どちらも美しくて明るいものと称賛されているのに対して、スサノオは《性質が物をそこないこわすのを好むところがあった》という具合に、残虐であると最初から決めつけられています。さらには、スサノオは根の国つまり死者の国を治めることを命じられています。ここには、いわばスサノオのために用意された善悪二元論があり、スサノオは悪の役割をさせられているわけです。

正伝として収録されているものと同様の話が、「一書に曰く」の第二にあります。次のような内容です。

《日と月が生まれられたあとに蛭児《ひるこ》が生まれた。この児は年が三つになっても脚が立たなかった。はじめ伊奘諾尊《いざなぎのみこと》・伊奘冉尊《いざなみのみこと》が、柱を回られたときに、女神が先に喜びの言葉をいわれた。それが陰陽の道理にかなっていなかった。そのため蛭児が生まれた。次に素戔嗚尊《すさのおのみこと》が生まれた。この神は性質が悪くて、常に泣いたり怒ったりすることが多かった。国民が多く死に、青山を枯山にした。それで両親が、「もしお前がこの国を治めたとしたら、きっとそこないやぶることが多いだろう。だからお前は大へん遠い根の国を治めなさい」といわれた》

（前掲書『全現代語訳日本書紀』）

スサノオはどのような悪かというと、《国民が多く死に、青山を枯山に》するような、国に対して極めて重要な影響を与える悪です。その危険性の拡大を恐れてイザナギ・イザナミは、スサノオに《大へん遠い根の国》を治めさせることにしました。スサノオは、他の神々とは異なる系統の存在として扱われているのです。

## 「海」を治めるよう命じられるスサノオ

『古事記』では、スサノオは《海上を治めなさい》と命じられています。『日本書紀』では、「一書に曰く」の第一一で、次のように、それまでに出てきた「根の国」という言葉は使われず、『古事記』同様、「海」を治めるように命じられています。

《伊奘諾尊《いざなぎのみこと》が三柱の御子に命じておっしゃるのに、「天照大神《あまてらすおおみかみ》は高天原《たかまのはら》を治めよ。月夜見尊《つくよみのみこと》は、日と並んで天のことを治めよ。素戔嗚尊《すさのおのみこと》は、青海原を治めよ」と》

（前掲書『全現代語訳日本書紀』）

前に、『古事記』ではツクヨミは《夜の食国《おすくに》》を治めるよう命じられ、そして「食国」は『古事記』にしか出てこない国の名だということについて触れました。「食」という言葉とツクヨミにまつわって、同じく『日本書紀』の「一書に曰く」第一一には次のように書かれています。

《天照大神はもう天上においでになっておっしゃるのに、「葦原中津国《あしはらのなかつくに》に保食神《うけもちのかみ》がおられるそうだ。月夜見尊、お前行って見てきなさい」と。月夜見尊は、命を受けてお降りになった。そして保食神のもとにおいでになった。保食神が首を回し、陸に向かわれると、口から米の飯が出てきた。また海に向かわれると、口から大小の魚が出てきた。また山に向かわれると、口から毛皮の動物たちが出てきた。そのいろいろな物を全部揃えて、沢山の机にのせておもてなしした。このとき月夜見尊は、憤然として色をなしていわれ、「けがらわしいことだ。いやしいことだ。口から吐き出したものを、わざわざ私に食べさせようとするのか」と。そして剣を抜いて、保食神を撃ち殺された。そして後に復命して詳しく申し上げられた。そのとき天照大神は、非常にお怒りになっていわれるのに、「お前は悪い神だ。もうお前に会いたくない」とおっしゃって、月夜見尊と、昼と夜とに分れて、交代に住まわれた》

(前掲書『全現代語訳日本書紀』)

夜と昼がなぜできたのかというわゆる起源神話のひとつではあるのですが、私がここでとても不思議に思うのは、アマテラスは太陽、ツクヨミは月と、いずれも明確な天体を表しているのに対して、スサノオについてはおよそ実体のわからないような「海」を治めるようになっている、ということです。

太陽および月は天体であって、スサノオの「海」とは次元が異なります。地球という概念がなかったという時代性はあるにせよ、アマテラスとツクヨミは天体を治めろ、スサノオは地上つまり日本列島にまつわる海を治めろ、というのは、スサノオは最初から徹底的に区別された神であるということに他なりません。

アマテラスが太陽、ツクヨミが月、ということであれば、同列の神様としてそれに対抗しようとするなら、スサノオは他の天体を治めることになるのが道理です。つまり、スサノオは、星の神であってしかるべきでした。

しかし、スサノオは星の神とはなりませんでした。事項で、その事情について考えていくことにしましょう。

## 「星」とスサノオ

中国の三大宗教と呼ばれるものに、儒教、仏教と並んで「道教」という宗教があります。開祖がいるわけではなく自然発生したものとされていて、宇宙と人生の根源的な真理を「道《タオ》」と呼び、すべてをタオに基づいて考えます。タオと一体となることが究極の理想で、不老不死の霊薬である丹を錬り（錬丹術）、それを用いて修行します。この修行の途にある人々を仙人と呼びます。

道教では、最高神を「玉皇大帝」として考え、それはつまり北極星（金星）と同じ神格であるとしていました。この信仰は後に北斗七星を崇める信仰へとつながり、また、仏教においては北極星あるいは北斗七星を妙見菩薩として崇める妙見信仰へとつながりました。

宮内庁のウェブサイトに掲載されている「主要祭儀一覧」の一月一日に「四方拝」という祭祀があります。千数百年と続く伝統として天皇陛下が執り行う年中最初の祭祀であり、元旦の早朝に天皇陛下が神嘉殿南庭で伊勢の神宮、山陵および四方の神々をご遥拝になる重要な祭祀です。儀式の内容や方法は公開されていませんが、天皇陛下はまず北に向かい、北辰つまり北極星と北斗七星を拝むといわれています。

中国だけではなく、日本の天皇家にも北斗信仰があるわけです。スサノオには、こうした、太陽や月とは別の星の領域を司る可能性も十分にあったということです。

西洋の宗教にも北極星つまり金星に対する信仰があります。『聖書』において金星は、明けの明星としてキリストに比せられることもありますが、大魔王サタンにも比せられる星です。天使としての最上位・熾天使セラフィムの地位にいたルシファーが堕天使となりサタンを名乗るわけですが、ルシファーとは明けの明星つまり金星を意味するラテン語です。

金星は、太陽の輝きに消えてしまう存在であり、夜の天空であれば月より光の小さい存在です。太陽、そして月との対立関係にある存在であり、西洋においては悪に傾向している存在であると言うことができそうです。一方、東洋において金星は、きわめて高く崇められる存在です。

西洋のキリスト教と日本神話との関係は確かに考えられないものではあります。しかし、古来、東西の神話において星の存在は重要であり続けました。スサノオはキリスト教で言うところの天国同様の世界・高天原から追放されるのですから、西洋における金星的な存在に近いことになります。日本の神話の神々については、東洋の神々の範囲に押し込めてしまうことなく、西洋まで拡大した範囲から見るべきだと私は考えています。

『日本書紀』の、本書で今までに紹介した部分を読んだだけでもわかる通り、スサノオのプロフィールは一定していません。イザナギとイザナミの間に生まれたという話もあるし、イザナギの鼻から生まれたという話もあるし、イザナギがよそ見をしている時に生まれたという話もあります。

スサノオの活動領域も、天なのか海なのか根の国なのか一定していません。アマテラスは太陽、ツクヨミは月、という確固たる所在を持っていますがスサノオはそうではありません。つまりスサノオは、日本という領域の出身である、ということとの確固たる根拠を持っていないのです。

スサノオはイザナギから海を治めるように命じられますが、なぜかその命に従いません。『日本書紀』にも命に従わない様子が出てきますが、『古事記』には次のように書かれています。

《須佐の男の命（スサノオ）だけは命ぜられた国をお治めにならないで、長い髭が胸に垂れ下がる年ごろになってもただ泣きわめいておりました。その泣く有様は青山が枯山になるまで泣き枯らし、海や河は泣く勢いで泣きほしてしまいました。そういう次第ですから乱暴な神の物音は夏の蠅が騒ぐようにいっぱいになり、あらゆる物のわざわいがことごとく起こりました》

（前掲書『新訂古事記』）

スサノオの行状は、《乱暴な神の物音》、《あらゆる物のわざわいがことごとく起こり》といった表現で語られています。アマテラスやツクヨミといった他の神々とは対照的な「悪魔」的な概念が使われているのです。

スサノオは、善悪の二元論で悪として語られています。他の日本の神々については、その行状がどんなものであるにせよ肯定的に書かれているのと対照的です。つまり、スサノオはもともと日本の神ではないという可能性が高いのです。『古事記』は続いて、次のように、個人的な感情に身を委ねるスサノオの様子が書かれています。唐突に、母・イザナミに会いたいと駄々をこねるのです。《長い髭が胸に垂れ下がる年ごろ》であるにもかかわらずです。

《そこで伊耶那岐の命（イザナギ）が須佐の男の命（スサノオ）に仰せられるには、「どういうわけであなたは命ぜられた国を治めないで泣きわめいているのか」といわれたので、須佐の男の命（スサノオ）は、「わたくしは母上のおいでになる黄泉の国に生きたいと思うので泣いております」と申されました。そこで伊耶那岐の命（イザナギ）がたいへんお怒りになって、「それならあなたはこの国に住んではならない」と仰せられて追いはらってしまいました》

（前掲書『新訂古事記』）

ここには、おかしなところがあります。『古事記』においては、スサノオは、イザナギがイザナミのいる黄泉の国から脱出して禊《みそぎ》をした際に、イザナギの鼻から生まれているのです。イザナミを母としているとは言えません。スサノオの、母とは言えないイザナミへの子としての恋慕は物語の筋を無視しています。

そもそも、アマテラス、ツクヨミ、スサノオの三大神がイザナギ一神から生まれた、ということもおかしいのです。もちろん、神話は不条理に満ちているものです。しかし私は、『古事記』そして『日本書紀』に収録されている物語の不条理さは、ただ神話の不条理さというのではなく、何らかの事実の反映ではないか、と考えています。

文化人類学的にみれば、イザナギは、記紀の文面には立ち現れていない他の意図をもってアマテラス、ツクヨミ、スサノオという存在をつくった、と考えることができます。アマテラスは、イザナギという男性神一神から生まれた女性神です。男系の女性神であるというところが重要です。これはつまり、今日の天皇家に続く男系の最初の神であるということです。

アマテラスとツクヨミはイザナギの目から生まれました。スサノオは鼻から生まれました。ここには大きな違いがあります。つまり『古事記』は、スサノオを別の人種として考えているのです。

## 日本神話は現実の反映

前出のレヴィ・ストロースは「神話には人々の潜在的な思考様式が隠されている」と述べています。一八世紀江戸時代の学者・新井白石は著書『古史通《こしつう》』の中で、神話を現実の人間の歴史として解釈することを試みています。

私もまた同様です。日本神話は現実の人間の物語の反映であり、『高天原は関東にあった――日本神話と考古学を再考する』(勉誠出版、二〇一七年)、『日本の起源は日高見国にあった――縄文・弥生時代の歴史的復元』(勉誠出版、二〇一八年)、『「国譲り神話」の真実――神話は歴史を記憶する』(勉誠出版、二〇二〇年)などで検証してきているように、高天原の物語は大和政権以前に現実に存在した日高見国の歴史の反映として描かれていると考えています。高天原と日高見国の関係にはたいへん興味深いものがあります。日高見国はかつて縄文・弥生時代の時に、関東・東北を広く束ねた、日本列島を担う、日本の源郷と言うべき国家でした。このことは、青森県の三内丸山遺跡の本格的調査をはじめとする大集落型の縄文遺跡発掘、放射性炭素年代測定による遺物の年代の再調査、DNA解析と考古学の組み合わせによる文化伝播の再考、遺跡発掘調査から解析された縄文・弥生時代の日本列島人口分布の実態などから科学的に証明されることです。興味のある方は、先にあげた本をぜひご参照ください。

こうした考え方からスサノオのプロフィールを見ていきましょう。男性神イザナギ一神からアマテラスとツクヨミとは別の系統として生まれた、ということは、現実的には、イザナギには複数の女性関係があり、スサノオはアマテラスとツクヨミの母とは異なる女性から生まれたということです。そして、スサノオの母は、日本人とは異質の帰化人系の女性であると考えられます。

イザナミが母であるはずはありません。しかし『古事記』は、スサノオの、母親を求める強い願望を強調するためにイザナミの黄泉の国のエピソードを借りて、スサノオが母を恋慕する様子を記述しているのです。

ここに見出せるのは、女系社会に強く存在する「母性コンプレックス」です。スサノオの場合、その実態は、《ただ泣きわめ》き、《青山が枯山になるまで》《海や河は泣く勢いで泣きほしてしま》うまで泣き、スサノオが立てる《物音は夏の蠅が騒ぐようにいっぱいになり、あらゆる物のわざわいがことごとく起こ》るという凄まじいものです。

スサノオがあまり駄々をこねるので、イザナギは《たいへんお怒りになって、「それならあなたはこの国に住んではならない」と仰せられて追いはらって》しまいます。ここには、圧力をかける父の姿があり、スサノオの駄々は「父への反抗」です。

母性コンプレックスと父への反抗は、現代の心理学・精神分析学の世界で「オイディプス・コンプレックス」という用語で概念化されています。ユダヤ人の精神分析学者ジークムント・フロイト（一八五六〜一九三九年）が、ギリシア神話『オイディプス』を題材にとったソポクレスのギリシア悲劇『オイディプス王』の内容からとった「子は母親を手に入れようと思い、父親に対して強い対抗心を抱く」という心理状態です。

『オイディプス王』は、次のようなストーリーです。テーバイの王ラーイオスとその妻イオカステーの間の子であるオイディプスは、後にラーイオスを殺すことになるという神託に従って赤子の時に追放される。後に成人したオイディプスはそれと知らずに父・ラーイオスを殺害してしまう。オイディプスはスピンクスを倒すという偉業を遂げ、空位となったテーバイの王の座につき、王女・イオカステーを実の母と知らずに妻として子供を儲ける。不作と疫病の禍が続くテーバイを復興させるべく神託を受けると、ラーイオス殺害の穢が原因だ、と出る。殺害事件を調査していくうちにオイディプス王は、あまりにも悲劇的な真実を知るのです。

このストーリーの中で、オイディプス王は父親を殺害して母親と結婚するという運命を担います。これにならってフロイトは、「男の子は三歳から六歳にかけて父親に敵意を抱き母親に愛情を求める性的願望をもっている」という分析に「オイディプス・コンプレックス」という名前を付けました。

ギリシア神話のオイディプス王の心理状態が、日本神話において、スサノオの心理状態に出ているわけです。そして、こうした、ギリシア神話と日本神話との同調は決して偶然の一致ではありません。

イザナギはイザナミに会いたいと考え、「黄泉の国」に出かけていきます。『古事記』にも『日本書紀』にも、いわゆる黄泉の国神話の中に次のようなエピソードが出てきます。

（一）火の神を生んだイザナミが火傷で死んでしまう。イザナギはイザナミを取り戻しに黄泉の国へ行く。
（二）イザナミは「すでに黄泉の国の食べ物を食べてしまったので戻れない。しかし黄泉の国の神々に相談してみる。それまで、私の姿を見ないで待っていてくれ」と告げる。
（三）待ちくたびれたイザナギは約束を破ってイザナミの様子を見てしまう。腐敗して変わり果てたイザナミの姿があった。
（四）イザナミは激怒して、黄泉の国の軍隊を連れてイザナキを追いかける。イザナギは黄泉の国から脱出し、地上と黄泉の国の境目を大岩でふさぐ。

この神話は、ギリシア神話の「オルフェウスの冥界下り」と呼ばれる物語にたいへんよく似ています。次のようなストーリーです。

（一）竪琴の名手オルフェウスの妻エウリディケが蛇にかまれて死んでしまう。オルフェウスはエウリディケを取り戻しに冥界に行く。
(二) オルフェウスは冥界の神ハデスにエウリディケを生き返らせるように頼む。ハデスは「生き返らせてやるが約束がある。地上に戻るまで、後ろを振り返ってあなたの妻の様子を探ってはいけない。約束を破れば、あなたの妻は戻れない」と言う。
(三) オルフェウスは、エウリディケとともに冥界から地上へと通じる洞窟を歩く。オルフェウスは、ついてきているはずのエウリディケの足音が聞こえないのが不安になり、後ろを振り返ってしまう。
(四) エウリディケは約束を破ったオルフェウスを責めながら、ふたたび冥界へ消えていく。

ギリシア神話の発祥は紀元前一五世紀まで遡ることができると考えられています。ホメロスの二大叙事詩『イーリアス』と『オデュッセイア』の成立、また、ギリシア神話を体系的にまとめた詩人ヘシオドスの登場ですら紀元前八世紀頃であるとされています。

イザナギ、そしてスサノオの一連の物語が存在しているということは、時間系列の点から見ても、「ギリシア神話を知っている者が、神話が生成される時代の日本列島にやって来ていた」という現実を推測させるのです。

# 第二章　スサノオはどこから来たのか

## スサノオの「スサ」

スサノオの漢字表記には、複数が伝わっています。『古事記』では建速《たけはや》須佐之男命、それを省略したかたちの速《はや》須佐之男命や須佐之男命、『日本書紀』では素戔男尊や素戔嗚尊、『出雲国風土記』など他の史書では神《かむ》須佐能袁命、須佐能乎命、須佐能袁尊などといった表記で伝わっています。漢字の表記がさまざまにあるということは、つまり、スサノオノミコトという名前の発音が先にあったということです。

漢字そのものの意味は、辞書で説明されていることをまとめると、「建」＝「直立する、堂々と進む」、「速」＝「すみやか」、「須」＝「求める、必要とする」、「佐」＝「助ける」、「素」＝「基《もと》」、「戔」＝「残り少ない」といった具合です。もともと口承で「スサノオ」と発音されていた名前に対して、スサノオという存在が持つ特徴や価値、意味に関連する字を組み合わせて構成した漢字表記だと考えられるでしょう。

たとえば『古事記』の「建速須佐之男命」は漢字の組み合わせで、「速やかな建国を求め助ける神」という意味になります。『日本書紀』では「スサ」に「素戔」という別の漢字が用いられていますが、ここには「残りの者が（建国の）基になる」という意味が加えられています。

「スサ」について、よく言われるのは、「スサ」＝「荒れすさぶ」で、スサノオは嵐の神、暴風雨である、ということです。スサノオは高天原で暴風雨のような破壊的な行為を繰り返します。「スサ」は「進《すす》む」という言葉と同根で、「勢いのままに事を行う」という意味だという説もあります。平凡社の『世界大百科事典』では《神々の世界すなわち高天原《たかまがはら》では悪、罪、穢《けがれ》の化身としてあらわれ、地上の葦原中国《あしはらのなかつくに》では開祖の神として語られている。その名のスサは荒れすさぶ意で、タケ、ハヤとともにこの神の威力を強調した語である》と説明されています。

さて、私が考えたいのは、この「スサ」という言葉を、日本語の範疇、あるいはこれまでの神話学者の研究がそうであったように漢語や朝鮮語といった近隣諸国の言葉との関連だけで分析していてよいのだろうか、ということです。

# 日本に多く入っていたユダヤ人

私は、二〇一九年に『発見！ユダヤ人埴輪の謎を解く』（勉誠出版）、『ユダヤ人埴輪があった！——日本史を変える30の新発見』（扶桑社）、二〇二〇年に『日本神話と同化ユダヤ人』（勉誠出版）、二〇二一年に『京都はユダヤ人秦氏がつくった』（育鵬社）を出版し、古くから日本にユダヤ人がわたってきていた強い可能性について研究・検証してきました。この中の一冊でもぜひお読みいただければと思いますが、私がまず注目したのは、人物埴輪と呼ばれている埴輪です。

三世紀後半から八世紀にかけて、日本には、古墳が盛んに造られた時代がありました。古墳は、位の高い者あるいは権力者の墓であるとされています。歴史の教科書などはこの時代を、縄文時代、弥生時代に続くものとして、古墳時代とこれまで呼んできました。古墳の頂きや墳丘の縁、周囲に掘られたお濠の堤などに並べられた素焼きの土製品のことを「埴輪」といいます。

考古学では、埴輪を大きく二種類、円形の筒をかたどった「円筒埴輪」と、人や家・動物・器などの生活具など具体的なものをかたどった「形象埴輪」とに分けます。人物埴輪は、形象埴輪のひとつです。そして人物埴輪には、ユダヤ人をかたどったとしか思えないものが多数見受けられます。帽子を被り、美豆良《みずら》をつけ、顎髭をつけたユダヤ人的な姿をした人物像が存在するのです。美豆良とは、耳のところに束ねられた髪のことです。

ユダヤ人的な姿をした人物埴輪の存在は、古墳時代と呼ばれている時代に日本にユダヤ系の人々がいたことを端的に示すものです。さらに言えば、人物埴輪の分布には偏りがあり、数としては東国の地で圧倒的に多く出土しています。

先に挙げた著書を通して、私は、日本人が最も古くから接触していた外来の民族はユダヤ人であり、また、ユダヤ人は他の民族よりずっと早くから日本人に同化していたことを検証しました。そういうことであれば、日本人とユダヤ人、両民族の言語の比較がすぐに取り掛かるべき焦眉の問題だと考えるようになりました。ヘブル語詩歌研究家・川守田英二氏の「大和言葉となったヘブル語」といった内容を含む『日本の中のユダヤ――イスラエル南朝二族の日本移住』（たま出版、一九九〇年）という本や、知日家のユダヤ人歴史研究家ヨセフ・アイデルバーグ氏の『大和民族はユダヤ人だった――イスラエルの失われた十部族』（たま出版、一九九五年）および『日本書紀と日本語のユダヤ起源』（徳間書店、二〇〇五年）といった本における日本とユダヤの言語比較はたいへん参考になりました。

## 参考になる、興味深いインターネット上の民間研究

こうした日本とユダヤの言語比較の研究を、現在も引き続きインターネットで展開している中島尚彦氏という人がいます。中島氏は、南カリフォルニア大学、ペンシルベニア大学ウォートン校、フラー神学大学院の卒業で、音楽系ネット通販会社サウンドハウ

スを創業した実業家としても知られている人です。中島氏の主宰するウェブサイト『日本とユダヤのハーモニー&古代史の研究』(https://www.historyjp.com/)から、私が興味深く思うところをいくつか紹介しましょう。

前述した、『日本書紀』における「スサ」に「素戔」を当てているのは「残りの者が(建国の)基になる」という意味もたせるためだ、というのは中島氏の見解によるものですが、中島氏はこの「残りの者」について、次のように述べています。

《この「残りの者」の主旨は、もしかするとイスラエルから逃れてきた残りの民を意味し、最終的に東の島々にまで辿り着いた少数の渡来者のことを指していたかもしれません。イスラエル民族は国家を失ったときから、「残りの民」、「残りの者」が国家の再建を担うということが信じられるようになり、複数の預言書にも、神からの約束として明記されてきたのです。それ故、「残りの民」というコンセプトは、イスラエルの民にとっては極めて重要であり、その国家へ帰還する想いが、スサノオの「素戔」に込められている可能性があります》

（『日本とユダヤのハーモニー&古代史の研究』 https://www.historyjp.com/）

紀元前七二二年、アッシリアの侵攻でイスラエルの北王国が滅亡し、その後に南ユダ王国も崩壊し、イスラエルの民は行方がわからなくなります。そして、中島氏が同ウェブサイトで述べている通り、《さまざまな資料を探ると、歴史から姿を消したイスラエルの民の多くは東方へ移住した可能性が非常に高いこと》がわかるのです。また、《イスラエル民族は国家を失ったときから、「残りの民」、「残りの者」が国家の再建を担うということが信じられるようになり、複数の預言書にも、神からの約束として明記されてきた》というのは、イスラエル研究者でなければ知らないと同時に、研究者の間ではよく知られていることです。

中島氏は、「スサノオ」はヘブル語で解釈できる、としています。スサノオのルーツはイスラエル民族に関係するとして、次のように述べています。参考意見として、たいへん興味深いものです。

《更に、「スサノオ」の名前自体をヘブライ語で解釈することができるとするならば、その名前のルーツにイスラエル民族の熱い想いが込められていることが、きっとわかるはずです。「スサノオ」はヘブライ語で、「スサ」と「ノハァ」の2つの言葉から成り立っている言葉と考えられます。「スサ」はsus、スサ（sus、スサ）であり元来、海カモメを意味した言葉です。その動きはとても機敏で速いことから、「とても素早い」というニュアンスも含む言葉です。それが英語ではSwiftとも訳され、「素早い」という意味でも使われている所以です。このスサ（スサ）には、実は「二輪戦車」を引く馬、英語でいうChariotの意味もあります。つまり、単に速いだけでなく、とても強靭なイメージを持つ言葉なのです。次にヘブライ語にはノハァ（nokhal、ノハァ）という、「新しい土地を得る」、「安住の地を相続する」、もしくは、「安息の地に辿り着く」という意味があります。これは正に、大陸を横断しながら新天地を探し求めたイスラエルの民に該当する言葉、そのものではないでしょうか。そして「スサ」に新しい土地を奪う、という意味のノハァ（nokhal、ノハァ）を足すとsus nokhal、スサノハァ（sus nokhal、スサノハァ）となり、

「海カモメが新天地に辿り着く」、「素早く安住の地を得る」という意味になります。これは、マヘル・シャラル・ハシ・バズ（獲物を急げ、早く奪え）の意味に類似していると考えられることから、スサノオとイザヤの子であるマヘル・シャラル・ハシ・バズには関連性があるだけでなく、もはや同一人物である可能性さえも簡単には否定できないのです》

（前掲ウェブサイト『日本とユダヤのハーモニー&古代史の研究』）

また、中島氏のツキヨミの解釈にも興味深いものがあります。

《更にスサノオだけでなく、同様に、兄の「ツクヨミ」の名前もヘブライ語で解釈することができます。まず、ツー（tsur、ツーア）は「岩」を意味し、その言葉の背景には「神が岩となって民衆を助ける」というニュアンスが込められていきます。次にクヤム（kuyam、クヤム）という言葉があり、これは「果たす」、「成就する」です。すると合わせてクヤムツー（tsur kuyam、ツクヤム）という言葉になり、「岩なる神の救いが成就する」という意味になります。岩の神による救いが成し遂げられ、安住の地に入るということからしても、その言葉の背景には新天地を探し求めたイスラエルの民の存在があるようです。そして安住の地に入り平安が訪れることは、月夜を眺め見るかのごとく、「月夜見」という文字が選別されたのではないでしょうか。

国家を失った大勢のイスラエルの民は、生きるために故郷の地を脱出しなければなりませんでした。そして多くがイザヤの言葉を信じ、大陸の遥か彼方に浮かぶ東の島々に、最終目的地があることを信じたのです。その神の選民とも言われるイスラエルの民が実際に大陸を横断し、日本へ渡来してきたと仮定するならば、記紀神話を聖書の預言と照らし合わせながら面白く読むことができます。また、大陸を経由して旅する無数の民とは別に、イザヤを中心とする先行部隊は、東の島々に新国家を樹立するために舟を用いて先行して旅立ち、事前に東の島々を巡り渡りました。そして十分なリサーチをしたうえで、見事に目的地である島々の基点となる場所を探し当てたのです。先行部隊には無論、イザヤの家族も含まれていました。その一行と共に海を渡ったのが、イザヤの子供らであり、その中にイザヤが預言した救世主がいました。イザヤの子、マヘル・シャラル・ハシ・バズこそ、建速須佐之男命、つまりスサノオノミコトであると考えられます。そしてスサノオは、姉のアマテラスに会うために高天原を訪れ、その後、出雲に向かい、そこでヤマタノオロチと一騎打ちを演じるのです。そしてスサノオの子孫であるオオクニヌシノミコトが、国を平定することになります。

こうしてイスラエル国家が滅亡してからおよそ60年後に、日本の皇紀が産声を上げました。この60年という期間は、大陸を越えて東の島々まで到達したイスラエルの民が、新天地にて新しい国家を樹立するのに要した時間ではないでしょうか。イスラエルの滅亡と、日本の皇紀の始まりの時期がほぼ一致しているのは単なる偶然ではなく、歴史の流れに沿った史実だったのです。古代史のロマンはますます広がっていきます》

（前掲ウェブサイト『日本とユダヤのハーモニー&古代史の研究』）

ヘブル語と日本神話との関係に関する研究は、これから期待される分野でしょう。

## 「みずら（美豆良）」が指し示すこと

私は、日本国史学会発行の『日本国史学』第一四号（二〇一九年）に寄稿した《ユダヤ人埴輪をどう理解するか：関東にあった「秦王国」》という論文の中で、ユダヤ人埴輪の特徴は「みずら」にある、と指摘しました。漢字では美豆羅、美豆良、角髪と書かれます。頭髪のスタイルのことで、頭の額の中央から頭髪を左右に分け、耳のところで一結びしてから、その残りを8字形に結んで両耳の脇に垂らします。

この「みずら」こそユダヤ人の印です。『聖書』というと、一般的には新約と呼ばれるものと旧約と呼ばれているものとを合わせて「キリスト教の聖書」を意味しますが、正確に言うと聖書には「ユダヤ教の聖書」と「キリスト教の聖書」の二種類があり、ユダヤ教の聖書がいわゆる「旧約聖書」と言われているものにあたります。そして、この「旧約聖書」の三番目の記である「レヴィ記」には、次のような記述があります。

《あなたがたの頭の鬢《びん》の毛をそり落としてはならない》

（『旧約聖書』「レヴィ記」19：27）

「鬢の毛」とは耳ぎわの髪の毛のことです。まさに「みずら」のことであり、みずらをたくわえることが、帽子や髭の特徴とともに、ユダヤ人であることのアイデンティティなのです。この髪の形は、現在でもユダヤ教徒が「古代」から守り続けているユダヤ教徒固有の髪型です。他の民族にはない特徴を備えていると言うことができます。

日本では、この「みずら」の頭髪スタイルは、奈良時代になって消えていくことになります。このことから、「みずら」は本来の日本人の風習ではないことがわかります。

そして、スサノオは「みずら」をつけていました。ヤマタノオロチからクシナダヒメを守るために、スサノオはクシナダヒメを櫛に変え、自らの「みずら」に挿して隠します。このことから、スサノオの頭髪は常に「みずら」のスタイルであることがわかります。

興味深いのは、アマテラスが、この「みずら」を、戦う時に整える戦士の印だと考えているらしいということです。スサノオが、母のいる「黄泉の国」に行こうと考え、その前に姉であるアマテラスに会って挨拶をしたいと思い、アマテラスのいる高天原に向かったときのことです。『古事記』には次のように書かれています。

《「私の弟君が上って来るわけは、きっと善良な心からではあるまい。私の国を奪おうと思って来るのに違いない」と仰せられて、直ちに御髪を解いて角髪《みずら》に束ね、左右の御角髪にも御鬘《かずら》にも、左右の御手にも、みなたくさんの勾玉を貫き通した長い玉の緒を巻き付け、背には千本も矢の入る靫《ゆき》をお着けになり、弓を振り立てて、堅い地面を股まであわゆき没するほど踏み込み、沫雪のように土を蹴散らかして、雄々しく勇ましい態度で待ちうけ、問いかけて「どういうわけで上って来たのか」とお尋ねした》

（『古事記全訳注』次田真幸、講談社）

高天原に上って来るスサノオの姿には異常なものがありました。大男で、歩くごとに山が揺れ川が溢れるというものでした。アマテラスはスサノオが高天原を占領すべくやって来たと思って臨戦態勢をとったのです。アマテラスは、《直ちに御髪を解いて角髪《みずら》に束ね、左右の御角髪にも御鬘《かずら》》を付けて男装しました。

このことは、『日本書紀』にも同様の記述があります。

《「わが弟のやってくるのは、きっと善い心ではないだろう。思うにきっと国を奪おうとする志があるのだろう。父母はそれぞれのこどもたちに命じてそれぞれの境を設けられた。何で自分の行くべき国を棄てておいて、わざわざこんな所に来るのか」といわれ、髪を結いあげてみずらとし、裾《すそ》をからげて袴《はかま》とし、大きな玉を沢山緒に貫いたものを、髪や腕に巻きつけ、背には矢入れ、腕には、立派な高鞆《たかとも》をつけ、弓弭《ゆはず》を振り立て、剣の柄を握りしめ、地面をも踏みぬいて、土を雪のように踏み散らし、勇猛な振舞いときびしい言葉で、素戔嗚命（スサノオ）を激しく詰問された》

（前掲書『全現代語訳日本書紀』）

ここにも、《髪を結いあげてみずらとし》とあります。この行動を闘いの準備だと考えると、武人埴輪と呼ばれる人物埴輪の中に数多い、帽子をかぶらずに「みずら」だけをつけた埴輪の様子を思い起こさせます。これは、時の朝廷人たちが、ユダヤ人たちの髪型および武装を取り入れたものと考えられるでしょう。

アマテラスの「みずら」にまつわる話は、アマテラスとスサノオが互いに潔白を証明し合うという場面でも出てきます。『古事記』に次のように書かれていて、「みずら」が単なる装飾ではなく、神を生む重要な役割を持っていることがわかります。

《そこで天照大御神が仰せられるには、「それでは、あなたの心が潔白で邪心のないことは、どのようにして知るのですか」と仰せられた。これに答えてスサノヲノ命は、「それぞれ誓約《うけひ》をして子を生みましょう」と申し上げた。こうして二神が天の安河《やすのかわ》を中にはさんで、それぞれ誓約するとき、天照大御神がまずタケハヤスサノヲノ命の帯びている十拳剣《とつかつるぎ》を受け取って、これを三つに折り、玉の緒がゆれて玉が音を立てながら、天の真名井《まない》の水に振り濯《すす》いで、これを噛みに噛んで砕き、吐き出す息の霧から成り出た神の御名は、タキリヒメノ命、またの御名はオキツシマヒメノ命という。次に成り出た神はイチキシマヒメノ命、またの御名はサヨリビメノ命という。次に成り出た神はタキツヒメノ命である。

ハヤスサノヲノ命が、天照大御神の左の角髪《みずら》に巻いておられる、多くの勾玉《まがたま》を貫き通した長い玉の緒を受け取り、玉の緒がゆれて玉が音を建てるほど、天の真名井の水に振り濯いで、これを嚙みに嚙んで砕き、吐き出す行きの霧から成り出た神の御名は、マサカツアカツカチハヤヒアメノオシホミミノ命である。また右の角髪《みずら》に巻いておられる玉の緒を受け取って、これを嚙みに嚙んで砕き、吐き出す息の霧から成り出た神の御名は、アメノホヒノ命である。

また御蘰《みかずら》に巻いておられる玉の緒を受け取って、嚙みに嚙んで吐き出す息の霧から成り出た神の御名は、アマツヒコネノ命である。また左の御手に巻いておられる玉の緒を受け取って、嚙みに嚙んで吐き出す息の霧から成り出た神の御名は、イクツヒコネノ命である。また右の御手に巻いておられる玉の緒を受け取って、嚙みに嚙んで吐き出す息の霧から成り出た神の御名は、クマノクスビノ命である。合わせて五柱の神である。

そこで天照大御神が、ハヤスサノヲノ命に仰せられるには、「この後で生まれた五柱の男の子は、私の物である玉を物実《ものざね》として成り出た神である。だから当然私の子です。先に生まれた三柱の女の子は、あなたの物である剣を物実として成り出た神である。だからつまりあなたの子です」と、このように仰せられて区別なさった》

（『古事記全訳注』次田真幸、講談社）

スサノオは、アマテラスの左の「みずら」に巻いていた勾玉を嚙み砕いたり、右の「みずら」に着けていた玉を嚙み砕いたりして霧を吐き出し、神々を生んでいます。「みずら」には大事な勾玉や玉が巻き付けられていて、それ自体は武器ではありませんが、嚙み砕いて始末しなければならない重要な対象となっています。そういったものが飾られるほどに「みずら」の役割は大きいのだと言うことができるでしょう。

# 世界史の中の「みずら」

この項では、「みずら」というものを大局的に、世界的な歴史の流れの中で見ていくことにしましょう。

日本では、みずらは丁髷《ちょんまげ》のもとだ、と言われています。ただし、縄文時代の遺物に人の形を表した土偶がありますが、土偶にこのような髪型はありません。渡来系の弥生人がやって来る頃から、この髪型が現れ始めたと考えられています。

渡来系の弥生人は、中国の漢民族、また、朝鮮半島の百済ないし新羅から渡ってきた民族であると言われています。しかし、中国にも朝鮮半島にも、このような髪型については、絵画も、また記述・記録も残されていません。

しかし、たいへん興味深いことに「みずら」をつけている人物が中央アジアの仏教壁画に現れているのです。インターネット

（ウィキペディア、https://tacchan.hatenablog.com/、等）で公開されている画像を中心に引用しながら見ていきましょう。新疆ウイグル自治区のトルファン郊外にあるベゼクリク石窟寺院に施された壁画で、石窟自体の始まりは六世紀頃と見られています。

描かれている人々は中央アジアのオアシスの農耕民族・ソグド人だと考えられていますが、見ればわかる通り、鬢の毛をそのまま長く残しています。トルファンおよび周辺地域は様々な民族、高車や突厥、烏孫、エフタルといった種族が入り乱れていたようです。しかし、ソグド人と考えられているこの壁画の人物は、他の像と違い、鬢の毛を伸ばす、つまり「みずら」のスタイルをしており、明らかにユダヤ人系だと考えられます。

この壁画の「みずら」の人物像と、千葉県千葉市の人形塚古墳、そして島根県松江市の島田一号墳から出土した人物埴輪を並べてみると、その類似性が見えてきます。つまり、「みずら」は、中国の漢民族や朝鮮半島の民族から伝わったものではない、ということです。

中国には、時々の王朝に対して周辺諸民族が来朝する様子を文章とともに記録した「職貢図」と呼ばれる絵画が残されています。中国の南北朝時代、江南の地域に興っていた梁という王朝が五二〇年代に残した職貢図に、「みずら」をつけている人物像があります。

文章には、鄧至《とうし》からの使節であると書かれています。鄧至とは、当時、羌《きょう》族が建てていた政権です。

羌族は北方系の遊牧民族で西羌とも呼ばれています。中国の歴史では最も古くから登場する部族のひとつで、「羌」という文字は、漢字の元となったとされている殷代の甲骨文にも見えます。一説では、殷（紀元前一七世紀頃〜紀元前一〇四六年）の時代、殷王朝の、祖先祭祀を中心とする祭祀で人身供犠の対象とされていた民族だったといいます。いずれにせよ、羌族は西方から中国へやってきていたユダヤ人系の種族でした。

また、アフガニスタンの南東部、カンダハール北西にあるムンディガク遺跡で、紀元前一五〇〇年のものと見られる、みずらをつけた人物像が発見されています。約三五〇〇年前には、アフガニスタン付近にすでにユダヤ人が入り込んでいた、ということになります。ヘブライ人とも称されますがユダヤ人は紀元前二〇〇〇年頃にメソポタミアのウルの地からカナンの地（現在のイスラエル・パレスチナ付近）に移住して遊牧生活を営み、紀元前一五〇〇年頃には大飢饉に遭って古代エジプトに集団移住したと伝伝えられています。しかし、すでにユダヤ人たちは、遊牧の生活の中で、すでにユーラシア大陸を横断していたと考えられるでしょう。

「みずら」のスタイルは、ユダヤ人の間では「ペイオト」と呼ばれています。両耳の前の毛を伸ばしてカールさせるスタイルです。

先に、『旧約聖書』の「レヴィ記」には《あなたがたの頭の鬢《びん》の毛をそり落としてはならない》という戒律が書かれており、みずらをたくわえることがユダヤ人であることのアイデンティティとなっているということに触れました。ユダヤ人は、「みずら」を民族の印としており、それが世界の各地に残っているということなのです。

アフガニスタンのムンディガク遺跡の頃から一〇数世紀を経て、日本の古墳時代に彼らは、同じ髪型をして現れました。顔の下で紐が結ばれているのも、倭人と呼ばれた古墳時代の日本人の服装と似ています。

シルクロードは、交易によって生き延びることを選んだユダヤ人が整備したものだと考えられます。「みずら」に焦点を当てて見てみると、同様にみずらのスタイルを持つ人々がいた痕跡は、シルクロードの街道筋に多いこともわかります。

## 秦氏をはじめとするユダヤ系の人々

これまでに見てきたことを簡単にまとめておきましょう。「みずら」については、ユダヤ人がその髪型（ペイオト）を自らの特徴を示すものとして旧約聖書で規定していま す。その「みずら」が、古墳時代の日本の人物埴輪でも確認されています。つまり、当時、ユダヤ人系の渡来人が日本にやって来ていた、ということです。

そして、神話の世界において、スサノオが「みずら」を着け、また、アマテラスも有事にあっては「みずら」を着けています。これは、日本に帰化したユダヤ人系の渡来人・帰化人が神話の記述にまで影響を与えている、ということです。

人物埴輪に関係する、つまりユダヤ系の渡来人・帰化人の中で、特に注目すべきなのが秦氏です。秦氏は、応神天皇の時代に弓月国から百二十県の人々を率いて渡来したと『日本書紀』に記されている、弓月君を祖先とするといわれる氏族です。雄略天皇の時代には、畿内の秦氏が、土木・灌漑技術を生かした水田開発、養蚕などの事業を背景に財力を築き、全国の秦部や、秦人部などの氏族を組織化し統括することになります。たいへんな実力者です。

平安京の造成および遷都実現に功績があったとされ、また、日本の神社の大半をつくったともされる秦氏がユダヤ系であると言える理由とその検証については、『発見！ユダヤ人埴輪の謎を解く』(勉誠出版、二〇一九年)を読んで頂ければ幸いです。いずれにせよ、秦氏のようなユダヤ系帰化人たちが、神話の記述、つまりいわば文化の源にまで影響を与えているわけです。

私がユダヤ人埴輪として検討した、関東・東北の人物埴輪の髪型に見られる「みずら」の伝統は、前述のベゼクリク石窟寺院の壁画、中国の職貢図、ムンディガク遺跡などの事実からわかる通り、中央アジアにおいてずっと保持されていました。ユダヤ人埴輪では鬢は下に垂れていますが、日本においては、それを結い上げて耳の前で丸く束ねるスタイルとなりました。垂れるかたちの「ペイオト」が、日本的な「みずら＝美面」の一要素となっているわけです。アマテラスは、スサノオとの戦闘を予期して、その準備として、丸く束ねる「みずら」を装います。

人物埴輪は武人埴輪とも呼ばれます。腰に剣を刺しているからです。つまり、これは西方からやってきた武人のスタイルであり、その髪型が「みずら」であったということです。天武天皇の時代以前は、このスタイルが日本の戦士の服装・姿として一般化していたと考えられます。

ただし、アマテラスの場合の「みずら」は、有事に際しての男性武人の模倣であり、日常的に「みずら」を着けていたわけではありません。したがって、アマテラスがユダヤ人的な性格を持っているとは言えません。

アマテラスの性格は、あくまでも太陽神らしい、自然神としてのおおらかさを主とするものでしょう。それが本来の日本人らしさであるとはいうものの、いざ戦うとなれば、戦闘においては遊牧民的な伝統をもって戦う、ということになるわけです。

# 第三章　スサノオが乱暴狼藉を働く理由

## 高天原で働いた八つの天罪

高天原を征服するためにやってきたのだろうと怪しむ姉のアマテラスに対して、スサノオは身の潔白を証明するために、「もし私の生んだのが女だったら、汚い心があると思って下さい。もし男だったら、清い心であるとして下さい」と告げます。これを、「スサノオの誓約《うけい》」と言います。占いを意味します。日本神話の中では特に有名なお話のひとつです。

結局、スサノオがアマテラスの「八尺の勾玉の五百箇のみすまるの珠」を噛み砕いて噴き出した息の霧から生まれた五柱の神はいずれも男性でした。潔白が証明されたとしてスサノオは高天原に滞在しますが、滞在の間、スサノオは次々と粗暴きわまる行為に及びます。

九世紀の初めに成立した『古語拾遺』という、神道を学ぶための資料集があります。記紀に倣って編纂されました。この『古語拾遺』にスサノオの乱暴狼藉が次のようにまとめられています。

《その後、スサノオはアマテラス（日の神）に対して、どうしようもないほどのひどいことをされてしまった。非常に多くの軽んじた行為をしてしまったのである。いわゆる毀畔《あなはち》・埋溝《みぞうみ》・放樋《ひはなち》・重播《しきまき》・刺串《くしさし》・生剥《いけはぎ》・逆剥《さかはぎ》・屎戸《くそと》である。このような天罪《あまつつみ》は、日神が田作りをされようとしたとき、スサノオがひそかにその田に出掛けて、自分の田圃だとして目印の櫛を刺して争った。そして、播いてある種子の上に重ねて種子を播き散らし、畔を壊し、溝を埋め、樋を壊した。新穀を神に捧げる新嘗の日には、屎で戸を塗った。機織り部屋にいるときには、生きている馬を逆さに剥いで、部屋の中に投げ入れた。これらの天罪は、今、中臣氏が奏上する大祓詞のなかにある。養蚕と機織りは神代に起源する》

（『現代語訳古語拾遺』菅田正昭、KADOKAWA/中経出版、二〇一四年）

天罪《あまつつみ》とは、スサノオが天上（高天原）でお犯した八種類の罪のことです。スサノオは、濃厚に関するタブーを破って八つの悪行を犯しました。それが、毀畔《あなはち》・埋溝《みぞうみ》・放樋《ひはなち》・重播《しきまき》・刺串《くしさし》・生剝《いけはぎ》・逆剝《さかはぎ》・屎戸《くそと》です。

さて、スサノオのこの行為をどう考えるべきでしょうか。この行為は、高天原の神としての行為だとは考えられません。いちばん納得がいくのは、スサノオの八つの悪行を、農耕に敵対して破壊しようとする遊牧民の行為だと考えるときです。

スサノオの行為として、《播いてある種子の上に重ねて種子を播き散らし、畔を壊し、溝を埋め、樋を壊した。新穀を神に捧げる新嘗の日には、屎で戸を塗った。機織り部屋にいるときには、生きている馬を逆さに剝いで、部屋の中に投げ入れた》とあります。最後にある、馬を逆さに剝ぐ、というのはまさに遊牧民的な行為です。日本列島にはそもそも馬は存在せず、馬が伝わったのは古墳時代だということがさまざまな研究から明らかにされています。馬を逆さに剝ぐという行為は日本人の発想とは言い難く、後にスサノオはヤマタノオロチを退治しますが、こうした怪物退治といった行為も、スサノオが日本出身ではないということを指し示しているでしょう。

## スサノオの行為は西による東への破壊行為

スサノオは高天原で天罪を働きました。そこで、高天原とはどこを指しているか、ということを問題として考えると、スサノオの真実がよりわかってきます。

『高天原は関東にあった――日本神話と考古学を再考する』(勉誠出版)、『日本の起源は日高見国にあった――縄文・弥生時代の歴史的復元』(勉誠出版)、『「国譲り神話」の真実――神話は歴史を記憶する』(勉誠出版)を通して私が検証してきたように、高天原はすなわち日高見国であり、日高見国は、大和政権以前に日本列島の中部・関東・東北を束ねていた、太陽神(日神)を掲げる宗教国家でした。遺跡発掘調査から解析された日本列島人口分布の実態などから科学的に証明される通り、縄文時代には、日本列島の人口の九〇%以上が、中部、関東、東北に住んでいたのです。東日本の地域に遺跡や貝塚が多いのもそのためです。そうした東の地域を束ねていたのが、『日本書紀』にも登場する日高見国という国であり、その歴史の反映として高天原の神話は成立しているのです。

関東平野や東北の北上川沿岸などは、水の豊かな土地柄であり、土地が肥沃で農耕に適していました。こうした地域に攻撃をかけたのがスサノオの八つの天罪だった、ということになります。スサノオが統治することになっていた海の国とは、大和国以前の西の国を指しているはずです。つまり、「出雲を中心とした神が東国＝日高見国を破壊しようとした」という事実の反映がスサノオの八つの天罪神話なのです。

注目しておきたいのは、誓約《うけい》によって身の潔白を証明したスサノオがなぜ豹変して高天原を破壊しようとしたのか、というところでしょう。スサノオが統治を命じられた西の国はヤマタノオロチがいるような地方です。そんなところに派遣されるよりも、アマテラスが統治する高天原＝日高見国を攻撃して支配下におき、統治する方がましです。そうすることで自らの事態を変えていこうとしたのに違いありません。

そのように考えると、神話が現実的な話になります。つまり、高天原のアマテラスは、関東・東北地方の「日の出る国＝日高見国」を統治していた一族です。「黄泉の国」「根の国」とは西日本の出雲地方を指しています。アマテラスのいる高天原は、西日本あるいは九州にあるとされている高天原とは異なる地域です。関東・東北地方に対して、出雲を中心とする西方の国が攻め上るという勢力構図がここにはあるのです。

## 天岩戸の意味するところ

スサノオの高天原攻撃に恐れおののいて、アマテラスは天の岩屋に隠れます。世界は真っ暗闇となります。天岩戸の神隠れと言われている、日本神話の中で最も有名な話のひとつです。『古事記』には次のように書かれています。

《そこで天照らす大神（アマテラス）もこれを恐れて、天の岩屋戸をあけて中にお隠れになりました。それですから天がまっくらになり、下の世界もことごとく暗くなりました。永久に夜が続いて行ったのです。そこで多くの神々の騒ぐ声は夏の蠅のようにいっぱいになり、あらゆるわざわいがすべて起こりました》

（前掲書『新訂古事記』）

アマテラスは太陽神ですから、これが隠れてしまうと、高天原だけではなく、葦原《あしはらの》中国《なかつくに》と呼ばれている下の世界も太陽が失われた状態になってしまうのです。

天岩戸の神隠れは、日食のことを記録したものだとはよく言われることです。一七～一八世紀江戸時代の思想家・荻生徂徠が『南留別志』という論文の中ですでに推測し、《日の神の天の磐戸にこもりたまひしといふは、日食の事なり。諸神の神楽を奏せしといふは、日食を救ふわざなるべし》と述べています。

これまで、天岩戸の神隠れの神話の科学的理解として有力なものに、日食神話説と冬至儀礼反映説とがありました。日食神話説は、話としての展開の諸要素が東南アジアに広く分布する日食神話と一致することが根拠となっています。冬至儀礼反映説は、儀礼的要素に着目して、冬至という時節に太陽の地からを更新するために行われた儀礼を核心として語られた神話であるとするものです。

皆既日食体験が伝承されたものだという説には、それなりに説得力があります。『日本書紀』には、それを思わせる文言が二つあります。一つは、《思兼神《おもいかねのかみ》が深謀遠慮をめぐらして、常世《とこよ》の長鳴鳥（ながなきどり。不老不死の国の鶏）を集めて、互いに長鳴きをさせた》（前掲書『全現代語訳日本書紀』）。皆既日食が起こると、暗くなって鳥や獣が騒ぎ、とくに鶏はときを告げるようになることが知られています。もう一つは、《（アマテラスが）御手で少し磐戸をあけて外をごらんになった》（前掲書『全現代語訳日本書紀』）。皆既日食が終わりかける瞬間に月の最大の凹凸から太陽が最初に光を投げかける様子をダイヤモンドリング現象と言いますが、日食神話説は、アマテラスが外を覗き見る様子として、この現象を説話化したものであると見ます。

たとえば、京都大学名誉教授・京都産業大学初代総長の荒木俊馬氏（一八九七〜一九七八年）は、アマテラスは神武天皇が即位した紀元前六六〇年以前の人物であることを考慮して、紀元前六六一年以前に起こった皆既日食を調べて天岩戸の神隠れの年月日を特定しようとしました。荒木氏は、高天原は九州にあったという通説に従って観測場所を北九州とし、オーストリアの天文学者T・R・オッポルツェル（一八四一〜一八八六年）が著した『日月食宝典』を使って割り出そうとしました。『日月食宝典』は、紀元前一二〇八年から後二一六一年までに地球上で起こるあらゆる日食を数値計算した著作です。

しかし、稀なこととはいっても日食は自然現象として人々に広く知られていたはずです。太陽が隠れ、あたりが暗くなる日食という現象を不思議であるとは思っても、恐れて身を隠したことによって暗黒となるというアマテラスの一時的な行為とは呼応しないように思います。

重要なのは、類似の自然現象を追求することではなく、記紀におけるこの話のもつ意味にあるでしょう。天岩戸の神隠れの神話に見える本質的な問題は、アマテラスという太陽なるものの一時的な不在が、ある一定の、それも短くない時間の間、混乱と混沌をもたらした、という点にあります。日食は、長くても七分間ほど続くだけですから、天岩戸の神隠れの神話と日食の関係は考えにくいのです。

私は、日本神話は歴史の反映であると考えています。この、天岩戸の神隠れは、象徴的なものではなく、自然列島の自然的な出来事の反映だということに異論はありませんが、稀ではあっても繰り返し起こる、しかも、時間的に短い日食を反映しているとは思えません。

天岩戸の神隠れの神話においては、アマテラスが隠れている間に多くの神が集まって相談をし、いろいろな計画を実行します。高天原の神々の行動の量と長さは日食の短い闇とは呼応しません。

《その時八十万《やそよろず》の神たちは、天の安河のほとりに集まって、どんなお祈りをすべきか相談した。思兼神《おもいかねのかみ》が深謀遠慮をめぐらして、常世《とこよ》の長鳴鳥《ながなきどり》（不老不死の国の鶏）を集めて、互いに長鳴きをさせた。また手力雄神《たちからおのかみ》を岩戸のわきに立たせ、中臣連の遠い祖先の天児屋命《あまのこやねのみこと》、忌部の遠い祖先の太玉命《ふとだまのみこと》は、天香具山の沢山の榊を掘り、上の枝には八尺瓊《やさかに》の五百箇《いおつ》の御統《みすまる》をかけ、中の枝には八咫鏡《やたのかがみ》（大きな鏡の意）をかけ、下の枝には青や白の麻のぬさをかけて、皆でご祈禱をした。また猿女君《さるめのきみ》の遠い祖先の天鈿女命《あめのうずめのみこと》は、手に茅纏《ちまき》の鉾をもって、天の岩戸の前に立って、匠に踊りをした。また香具山の榊を頭飾《かみかざり》にし、ひかげのかずらをたすきにし、かがり火を焚き、桶を伏せてその上に乗り、神憑りになったように喋り踊った》

（前掲書『全現代語訳日本書紀』）

世界各国には太陽神話があり、太陽が消失することはそれらの神話共通のテーマとなっています。エジプト神話などには、夜になると太陽が姿を消すことにまつわる神話があり、冬になると日照時間が短くなることにまつわる神話があります。北欧神話に伝わっていますが、もちろん、日食にまつわる神話もあります。

太陽にまつわる自然現象が神話に取り込まれている地域は多くありますが、不思議なことに中国では、太陽や月を神格化して崇拝することはありません。日本の文化と大きく異なる点として、強く注目すべき点です。なぜなら、これは、日本神話には中国の影響がほとんどないということの証拠でもあるからです。

中国はユーラシア大陸の東岸にあります。太陽信仰が強くないということは、太陽を求めて東岸に集まった民族による国ではない、ということを意味します。中国では、相反するものとして月を陰、太陽を陽と考えますが、これは陰陽思想の一環で太陽信仰、月信仰とは関係がありません。道教と易経の強い影響下にある考え方であり、中国にも神話は存在しますが、日本神話とはまったく異なる様相を示しています。

日本神話に中国神話の影響はありません。ではどこからの影響が考えられるかと言えば、すでに述べたように西方からの影響があるのです。

## 太陽信仰と火山活動

日本の太陽信仰とは、つまり天照大御神信仰でありアマテラスに対する信仰です。この日本の太陽信仰の始まりが、紀元前七三〇〇年に起こったとされている鬼界カルデラ大噴火に起因しているとする説があります。

カルデラとは、火山活動でできる大規模な凹地のことです。そして、鬼界カルデラとは、鹿児島県薩摩半島の南方およそ五〇キロメートル付近の大隅海峡にあるカルデラで、その大半は海底にあり、現在でもランクAの活火山と指定されている薩摩硫黄島を含み、カルデラの北縁には竹島があります。大噴火は過去に何回かあったと考えられていますが、紀元前七三〇〇年に起こった大噴火は過去一万年の内では世界でも最大規模とされ、火砕流が九州南部にまで到達して九州南部の縄文人を絶滅させたと考えられています。世界最大規模の噴火ということですから、日本においては火山の大噴火が神話時代の神々ということに関係していることは間違いでしょう。

しかし、時代的なことはともかく、この地域の大噴火が列島の本州、特に高天原＝日高見国のあった関東にまで影響を与えたとは考えられません。日本の太陽信仰の始まりを鬼界カルデラ大噴火に求める説は、高天原は九州にあったとするこれまでの説が広く流布していた結果でしょう。地理学的に考えれば、火山が多く平野も少ない九州は、豊穣な土地柄で理想的な風土であると想定された高天原という神々の場所にはふさわしくないとするのが常識的な判断だろうと思います。

この大噴火がアマテラス信仰に関係しているかはともかく、スサノオ＝火山説を述べていたことでよく知られているのが、日本の物理学者の草分けでもある寺田寅彦（一八七八〜一九三五年）です。寺田寅彦は一九三三年に書いた『神話と地球物理学』という短い論文の中で次のように述べています。


《なかんずく速須佐之男命に関する記事の中には火山現象を如実に連想させるものがはなはだ多い。

たとえば「その泣きたもうさまは、青山を枯山なす泣き枯らし、河海はことごとに泣き乾しき」というのは、何より適切に噴火のために草木が枯死し河海が降灰のために埋められることを連想させる。

噴火を地神の慟哭と見るのは適切な譬喩であると言わなければなるまい。「すなわち天にまい上ります時に、山川ことごとに動み、国土皆震りき」とあるのも、普通の地震よりもむしろ特に火山性地震を思わせる。

「勝ちさびに天照大御神の営田の畔離ち溝埋め、また大嘗きこしめす殿に屎まり散らしき」というのも噴火による降砂降灰の災害を暗示するようにも見られる。

「その服屋の頂をうがちて、天の斑馬《ふちこま》を逆剝《さかは》ぎに剝ぎて堕し入るる時にうんぬん」というのでも、火口から噴出された石塊が屋をうがって人を殺したということを暗示する。

「すなわち高天原皆暗く、葦原中国ことごとに闇し」というのも、噴煙降灰による天地晦冥の状を思わせる。

「ここに万の神の声は、狭蠅なす皆涌わき」は火山鳴動の物すごい心持ちの形容にふさわしい。
これらの記事を日蝕に比べる説もあったようであるが、日蝕のごとき短時間の暗黒状態としては、ここに引用した以外のいろいろな記事が調和しない。神々が鏡や玉を作ったりしてあらゆる方策を講じるという顚末を叙した記事は、ともかくも、相当な長い時間の経過を暗示するからである

（『神話と地球物理学』寺田寅彦、一九三三年）

こうした考え方を全面的に展開した人がいました。レーニンと行動をともにしていたロシアの革命家で、後に日本に亡命して早稲田大学で教師生活を送っていたアレクサンドル・ワノフスキー（一八七四〜一九六七年）というロシア人です。一九五五年に刊行された『火山と太陽——古事記神話の新解釈』は、日本の火山活動と日本神話の関係について検討する研究を中心に、日本人にとっては当たり前でもある存在の火山というものの意味を外国人らしい発想で書いた本です。ワノフスキーは最近再評価されていて、二〇一六年には『火山と日本の神話——亡命ロシア人ワノフスキーの古事記論』（アレ

クサンドル・ワノフスキー、鎌田東二、野村律夫、保立道久、蒲池明弘）という前掲書『火山と太陽』の再録に資料・解説を加えた本が刊行されています。

『火山と日本の神話――亡命ロシア人ワノフスキーの古事記論』で、ワノフスキーの火山神話論は次のような内容で紹介されています。

「岩戸隠れは、アマテラスの領国である高天原で、スサノオが大暴れし、田の畦を壊したり、御殿に糞をまいたりして、その乱暴狼藉に恐れをなして、太陽の神アマテラスが、岩の穴に隠れてしまい、世界が永遠の夜のような暗黒につつまれる事件である。困った神々はあれこれと策を弄して、アマテラスを岩穴から引き出し、ようやく世界は明るくなった――という結末となる。古事記、日本書紀などに書かれた神話の中でも最も有名な話で、ひとつのクライマックスでもある。ワノフスキーは、この神話におけるスサノオを、火山の巨大な噴火として解釈している。巨大な噴煙が空を覆い、太陽を隠してしまうほどの噴火を目撃した日本人の記憶が、この神話のいちばん深いところにあるという。火山の神スサノオと太陽の神アマテラスの闘争として古事記神話を読みすすめ、第二次世界大戦の戦時下の東京で『太陽――古事記神話の新解釈』と論文にまとめたという」

ワノフスキーは、岩戸隠れ神話におけるスサノオのふるまいは「典型的な噴火の光景」であるとしています。『火山と太陽――古事記神話の新解釈』には次のようなことが書かれています。（ ）数字以下は、ワノフスキーが、同数字の『古事記』の記述から読み取れる事態に相当するとしている火山現象です。

1　スサノオは海と川を呑んで泣くが、彼の涙は呑んだ水をもとに返さず、洪水を起こしていない。反対に彼の涕泣《ていきゅう》（涙を流して泣くこと）は激しい旱魃《かんばつ》（干上がること）をともなっている。彼のため、川や海はすっかり干上がってしまう。

（1）大量の水が、炎々と燃えさかる噴火口の亀裂の中に落ち込みながら、噴出を呼び起こし、噴出物が雨のように地上へ流出する。これは火山の「涙」である。しかし「涙」を作った水は蒸気となって散らばり、洪水を起こしていない。反対に火山の「涕泣」は絶えず次々と拾遺の水を乾燥させている。

2　スサノオの涕泣で山上の緑樹はしぼんでしまう。

（2）火山の火の「涙」は拾遺に有るすべての植物を焼き焦がす。

3　邪悪な神々は、蠅のように続々とうごめき、その騒ぎで地上を満たした。様々な不幸が生じた。

（3）轟き、荒れ狂う火山上では、蠅の群れのように、灼熱せる大量の噴出物が火災と様々な不幸を呼び起こしつつ漂う。

4　スサノオは光り輝く姉と別れを告げようと決心し、天上へと歩んでゆく。その際、彼の歩みの重さで山河全体が振動する。

（4）爆発と地震が始まる。煙、灰その他噴出物の、巨大な柱が上高く舞い上がる。

5　スサノオは天の田畑を損ない、女神の宮殿を汚している。かくして、弟の無作法な振舞いに憤慨した女神は天の洞窟に見をかくした。全国はあやめも分かぬ闇黒へと沈む。

（5）煙の渦巻きと大量の灰が明るい空を汚し、太陽の光を曇らせる。天日のために暗く、昼が夜のようになる。

6　闇の中から邪悪な神々がその声をあげ、至る所に様々な不幸が起こった。

（6） 火山は暗黒の中で鳴り響いている。火口からは灼熱した石が飛び出し、溶岩が流出し、様々な不幸が起こる。

7 女神は徐々に洞窟から出てくる。

（7） 噴火はその極点に達すると、静まり始め、太陽の光線は煙雲を通してもれてくる。

8 神々はスサノオをこらしめることを決めた。彼らは、彼の見事なあごひげをむしり取り、両手両足の爪をはぎ、最後にタカマガハラから追放した。

（8） 噴火は終わり、すべての噴出物は散り散りになって地上へ落ちてゆく。火山はその黒い火の羽毛を失って次第に平和な山となる。

9 スサノオは地上に現れて、様々な善行を行う。古事記によると、彼は八頭の蛇を滅ぼしているが、日本書紀によれば、山林を栽培している。この他にもスサノオの神は詩（和歌）を作った最初の詩人であり、また同様に寺院の最初の建立者でもある。

（9） 地上では次第に噴火の有益な面があらわれ始める。やがて地震は止み、火山の噴火は地震にとって通風筒の様なものになる。肥沃な火山泥の上に森林やその他の有益な植物が生長する。薬効のある温泉が掘り出される。

『火山と日本の神話：亡命ロシア人ワノフスキーの古事記論』には、ワノフスキーのこうした解釈について次のように書かれています。

《ワノフスキーが自らの『古事記』論文のタイトルを「火山と太陽」としたのも、このアマテラスVSスサノオの解釈にもっとも手応えを感じたからだろう。しかし、『古事記』の研究者で、「岩戸隠れ」神話の火山説に注目する人はいなかった》

一般的な書、たとえば『新編日本古典文学全集（1）古事記』（山口佳紀、神野志隆光、小学館、一九九七年）などの注釈にも火山説は出てきません。とはいえ、岩戸隠れによる世界の暗黒の状態は、少なくとも三分間から七分間の皆既日食よりも、火山噴火によって天空が闇に包まれる現象を示している可能性が強いと考えられます。

ただし、この、岩戸隠れ神話で示されている火山噴火がどこで起こったものなのか、という問題があります。九州の鬼界カルデラ大噴火説は、長い間、高天原は九州にあると流布されてきたことから唱えられた説です。そうした思い込みから離れ、事実を素直に見れば、岩戸隠れ神話で示されている噴火した火山は、実は富士山である可能性が強いのです。

## 岩戸隠れ神話と富士山の噴火

『火山と日本の神話：亡命ロシア人ワノフスキーの古事記論』の言う《『古事記』の研究者で、「岩戸隠れ」神話の火山説に注目する人はいなかった》という事実に代表されるように、日本の研究者たちは「日本の神話は日本の風土とは関係ないもの」として考えてきました。戦後の左翼・歴史家が、日本神話は支配者権力が権力保持のために捏造した物語だ、と考えてきたからです。神話が歴史的事実を反映していることなどは認めないまま、今日まで来ています。

日本は世界有数の火山国です。現在においても活火山が一〇八山あり、世界の活火山の七パーセントが日本にあります。古来、火山現象は日本においてはたいへん起こりやすい現象です。神話に反映されていると考えることはごく常識的でしょう。

文書主義と言いますが、日本の歴史学には文書が存在しなければ研究対象とはしないという感心できないルールがあります。たとえば遺跡調査、遺物発掘など考古学的に明らかにされたとしても、文書が存在しなければ歴史として認めないのです。

文書がないからといって沈黙し続ける必要はありません。『高天原は関東にあった――日本神話と考古学を再考する』や『日本の起源は日高見国にあった――縄文・弥生時代の歴史的復元』などでの検証を通して、高天原＝日高見国説をとる私は、神話に反映されている火山活動を行った火山は日本列島の東方にある山だと考えます。特に関東には、日本最大の活火山である富士山があります。富士山こそが、高天原と葦原の中津国という広域を闇に覆うことのできる規模をもつ火山だと言えるでしょう。

富士山は若い火山で、この一万年ほどの間で急速に大きくなった火山だと言われています。一万年の間に活発な噴火を繰り返してきました。その凄まじさにも相当なものがあったはずです。今こそは秀麗な姿を見せていますが、この姿になるまで、研究者の間で「噴火のデパート」と称されるような、あらゆる種類の噴火を含んだ火山活動の過程を経てきました。

わかっている限りでの富士山の歴史は次のようなものです。縄文時代に入り、紀元前一万五〇〇〇年頃から紀元前六〇〇〇年頃まで山頂噴火と山腹噴火を断続的に起こして大量の玄武岩溶岩を噴出しました。玄武岩溶岩は流動性が高く、かなりの遠距離の地域まで流れ出たと推測されています。この時期に噴出した溶岩は最大で四〇の流れを持ち、南側に流下した溶岩は駿河湾にまで達していました。噴火によってできた雲は厚く、広く天空を覆ったことでしょう。

紀元前九七〇〇年頃の大爆発では、三島溶岩流と呼ばれる溶岩流が発生しました。富士山頂から三〇キロメートルあまりに分布する、愛鷹山に遮られてその東側を回り、箱根火山の西麓との間を南下して三島周辺に到達した溶岩流です。紀元前六五〇〇年頃の大爆発では、現在の山梨県大月市あたりまで流れ出る猿橋溶岩流が発生しました。紀元前六〇〇〇年頃には、馬伏川岩屑《がんせつ》なだれと呼ばれる現象を発生させた大爆発が起こっています。岩屑なだれとは低温の火砕流のことで、火山の一部が崩壊して渓流を高速で流れ下る現象です。こうした爆発は、記憶として人々に共有されていたはずです。

紀元前三六〇〇年頃から紀元前一五〇〇年頃までは、富士山の歴史において、新富士火山中期と呼ばれています。この期間に、現在の円錐状の山の形が形成されたと考えられています。

そして、富士山は、紀元前一五〇〇年頃から紀元前三〇〇年頃までの間に、「山頂・山腹から溶岩が流れ出す」噴火様式から、「山頂・山腹が爆発する」噴火様式に移行しました。紀元前一三〇〇年頃の噴火で伊豆高原の大室山と富士山北西山麓の寄生火山である大室山が形成されました。紀元前九〇〇年頃には、御殿場岩屑なだれが発生しています。富士山の東斜面で大規模な山体崩壊があり、岩屑なだれと泥流が発生したのです。

スサノオの高天原での乱暴狼藉として映し出されている火山活動と、アマテラスの天岩戸神話に映し出されている太陽光の喪失による闇の期間は、この頃に起こったものではないかと推測できます。闇になるということは、溶岩の流出ではなく爆発噴火の傾向の強い火山活動を背景としていると考えられるからです。紀元前三〇〇年頃から現在に至る富士山の噴火による火山灰は黒いのが特徴です。火山灰の黒さは、まさに闇を作り出したことでしょう。『古事記』『日本書紀』の編纂者たちは、富士山の状態から、アマテラスの天岩戸の神隠れの様子を想像したものと思います。

奈良時代以降は、富士山の火山活動は文書として記録されています。七八一年以降、一六回の噴火を記録している古記録もあります。

延暦一九年（八〇〇年）、三月から四月にかけて延暦大噴火と呼ばれている噴火が起きました。平安時代に編纂された歴史書『日本紀略』には次のように記されています。

《自去三月十四日迄四月十八日、富士山巓自焼、昼則烟気暗瞑、夜則火花照天、其声若雷、灰下如雨、山下川水皆紅色也》（三月一四日から四月一八日にかけて富士山が噴火し、噴煙で昼でも暗くなり、夜は火柱が天を照らし、鳴動は雷のようで、雨のように火山灰が降って麓の川が紅色に染まった）

噴火によって昼間なのに「暗瞑《あんめい》」になったと書かれています。暗瞑とは暗黒の世界といったほどの意味です。富士山の噴火によって、昼間が真っ暗になった、つまり、昼夜を問わず闇が続いたということです。『日本紀略』には翌年の延暦二一年にも噴火の影響は続いていたと書かれています。少なくとも一年間以上は、富士山周辺は閉鎖されていたようです。

《駿河国富士山、晝夜恒燎、砂礫如霰者、求之卜筮、占曰、于疫、宜令両国加鎮謝、及読経以攘災殃（中略）五月（中略）甲戌、廃相模国足柄路、開筥荷途、以富士焼碎石塞道也》（被災により、古代東海道の駿河から足柄峠を越えて相模に至る道を通行止めにし、箱根峠を越える道を別に開いた）

八六四年（貞観六年）から八六六年（貞観八年）にかけては、貞観の大噴火と呼ばれている噴火が起きました。この時に発生した溶岩流の上に一一〇〇年をかけて再生した森林地帯が現在の青木ヶ原樹海です。同じく平安時代に編纂された歴史書『日本三代実録』には次のように記されています。

《富士郡正三位淺間大神大山火、其勢甚熾、焼山方一二許里、光炎高廿許丈、大有聲如雷、地震三度、歴十餘日、火猶不滅、焦岩崩嶺、沙石如雨、煙雲鬱蒸、人不得近、大山西北、有本栖水海、所焼岩石、流埋海中、遠卅許里、廣三四許里、高二三許丈、火焰遂属甲斐國堺》

（五月二十五日付報告）

「煙雲鬱蒸」という言葉が使われ、周囲が暗くなった現実を記録しています。また、七月一七日付の報告は次のようになっています。

《駿河國富士大山、忽有暴火、焼碎崗巒、草木焦殺、土鑠石流、埋八代郡本栖幷剗兩水海、水熱如湯、魚鼈皆死、百姓居宅、與海共埋・或有宅無人、其數難記、兩海以東、亦有水海、名曰河口海、火焰赴向河口海、本栖剗等海、未焼埋之前、地大震動、雷電暴雨、雲霧晦冥、山野難弁、然後有此災異焉》

「晦冥」という言葉が見えます。辞書的には次のように説明されます。

《真っ暗になること。日の光が隠れて暗くなること。暗闇《くらやみ》。「晦」は訓読みで「つごもり」と読み、「月が隠れて暗いこと」を意味する字。「冥」は訓読みで「くら（い）「＝暗い」」と読める》

『日本紀略』や『日本三代実録』といった文献の記録によって、富士山の大噴火によって昼も暗黒の状態となったということが明確にわかります。これらの記録は、天岩戸の神隠れの神話が、富士山の大噴火によって起こった暗闇の状態を映し出したものであるということを裏付ける史料でもあるでしょう。

長野県に戸隠神社という神社があります。この神社のある戸隠山は、天孫降臨の地・高千穂から天岩戸が飛来してできたと伝えられています。祀られているのは天手力雄命《あめのたぢからおのみこと》と天八意思兼命《あめのやごころおもいかねのみこと》で、ともに、天岩戸を開くのに功績のあった神様です。天手力雄命は無双の神力をもって、天の岩戸を開きました。天八意思兼命は岩戸神楽を創案して、岩戸を開くきっかけを作りました。

戸隠神社の一社である火之御子社《ひのみこしゃ》には、天鈿女命《あめのうずめのみこと》が祀られています。また、戸隠神社には、「天の岩戸開き」の神話に基づいた「太々神楽」という神楽が受け継がれ、長野県の指定無形民俗文化財となっています。

戸隠には、次のような話が語り継がれています。

《天手力雄命は、また天照大神の御手をとって、岩戸にお入りになってはたいへんと、岩戸を「エイッ」と持ち上げ、下界へすててしまわれました。岩戸は宙を飛んで日本のだいたい真ん中に落ちました……。この時、天手力雄命が放り投げたのが「戸隠山」であるという話は、日本の神話として昔から語り伝えられており、この岩戸伝説と同じような話が、戸隠の古い記録である「戸隠山顕光寺流記」や「戸隠本院昔事縁起」にも記されています》

戸隠神社は富士山からさほど遠くない地にある神社です。高天原で起きた出来事が、しっかりと人々の記憶にとどめられ、現実世界で伝えられ続けているのです。

# 第四章　神々の計画

## 天の安河原とはどこか

アマテラスが天岩戸に隠れ、世界はすっかり暗くなります。そこで高天原の神々が天の安河原に集まり、対策を練ることになります。

《こういう次第で多くの神様たちが天の世界の天《あめ》の安の河原にお集まりになって高《たか》御産巣日《みむすび》の神《かみ》の子の思金《おもいかね》の神に考えさせてまず長鳴鳥《ながなきどり》を集めて鳴かせました》

（前掲書『新訂古事記』）

天の安河原とはどこの地のことでしょうか。前章までに見てきた情報から考えれば、天の安河原は、当然、関東平野を流れる大河の河原です。富士山の噴火によって闇となった中、かがり火を灯して、神々は集まったのです。

『古語拾遺』では、「天八淵河原」という言葉が使われています。「淵」は早瀬のことです。ハヤセのハヤは「千早振る」の「ハヤ」であり、流れに勢いのあるところという意味をもっています。千早の「チ」は霊という意味を持ち、チハヤはすなわち霊力をもった急流、という意味になります。「八」という数字は具体的な数ではなく、沢山ある、という意味です。「八淵」で、そうした、霊力を持つ早瀬が沢山ある、ということになります。

まとめると、天の安河原ないし天八淵河原は、ゆったりした河原ではなく勢いの強い急流の河が沢山ある場所です。富士山の噴火によってできた闇の中、神々が、かがり火をもって水流の強い河畔に集まったということになります。

思金の神という高御産巣日の神（タカミムスビ）の子神が、その名に表れている通り、知恵の神、思慮分別の神としてこの場を采配し、相談の段取りをつけました。ここでひとつ、注目しておきたいのは、アマテラスが隠れた後の高天原はタカミムスビによって統治されているということです。

タカミムスビは、『古事記』のきわめて早い段階で登場する神です。

《昔、この世界の一番始めの時に、天で御出現になった神様は、お名を天《あめ》の御中主《みなかぬし》の神といいました。次の神様は高御産巣日《たかみむすび》の神、次の神様は神産巣日《かむむすび》の神、このお三方は皆お独りで御出現になって、現実の姿形を隠して現れませんでした》

（前掲書『新訂古事記』）

この世界の一番始めの時のことは「天地開闢」と呼ばれています。タカミムスビは天地開闢して最初に現れた三柱の神の内の一人です。アメノミナカヌシが天の中心すなわち太陽神そのものだとすれば、タカミムスビは、高天原の人々を結ぶ、統治者としての役割をもっているということになるでしょう。神話には高天原として存在が映し出される現実の日高見国では、このタカミムスビの家系が統治を続けていたのです。彼らはつまり、皇統の祖先たちです。

高天原の神々の相談の様子を見ていきましょう。思金の神がまず、長鳴鳥を集めて鳴かせました。

《次に天の安の河の河上にある堅い巌《いわお》を取って来、また天の金山《かなやま》の鉄を取って鍛冶屋の天津麻羅《あまつまら》という人を尋ね求め、伊斯許理度売命《いしこりどめのみこと》に命じて鏡を作らしめ、玉《たま》の祖《おや》の命《みこと》に命じて大きな勾玉《まがたま》がたくさんついている玉の緒の珠を作らしめ、天《あめ》の児屋《こやね》の命《みこと》と布刀玉《ふとだま》の命《みこと》とを呼んで天の香山《かぐやま》の男鹿《おじか》の肩骨をそっくり抜いて、天の香山の波々迦《ははか》の木《き》を取ってその鹿の肩胛骨を焼いて占わしめました。次に天の香山の茂った賢木《さかき》を根《ね》掘《こ》ぎにこいで、上の枝に大きな勾玉のたくさんの玉の緒を懸け、中の枝には大きな鏡を懸け、下の枝には楮《こうぞ》だの麻の皮の晒《さら》したのなどをさげて、布刀玉《ふとだま》の命《みこと》がこれをささげ持ち、天《あめ》の児屋《こやね》の命《みこと》が荘重な祝詞を唱え、天《あめ》の手力男《たぢからお》の神《かみ》が岩戸の陰に隠れて立っており、天《あめ》の宇受売《うずめ》の命《みこと》が天の香山の日影蔓《ひかげかずら》を手繦《たすき》に懸け、真《ま》拆《さき》の葛《かずら》を蘰《かずら》として、天の香山の小竹《ささ》の葉《は》を束ねて手に持ち、天照らす大神のお隠れになった岩戸の前に桶をふせて踏み鳴らし神憑りして裳の紐を陰《ほと》に垂らしましたので、天の世界が鳴りひびいて、たくさんの神が、いっしょに笑いました》

（前掲書『新訂古事記』）

思金の神の「金」は金属を意味します。金属のことを思う神、ということでもあります。思金の神は、《天の金山《かなやま》の鉄を取って鍛冶屋の天津麻羅《まら》という人を尋ね求め》ました。つまり、高天原には金山なる鉱山があり、鉄が採れるのです。

関東・東北に数多くの鉱山があることと無関係ではないでしょう。そして、鉄を鍛えて鏡を作り出す技術が高天原にはあった、つまり、高天原の時代にはすでに鉄製品を作っていたということになります。日高見国は、鉄の文化を持つ国でした。

古代史研究家の百瀬高子氏が『御柱祭 火と鉄と神と――縄文時代を科学する』（彩流社、二〇〇六年）の中で興味深い考察を行っています。御柱祭とは、長野県・諏訪大社で七年に一度行われる「式年造営御柱大祭」の通称であり、宝殿の造り替えをし、御柱を選んでから曳き出して境内に建てる神事です。百瀬氏は御柱たる大木を切り倒した道具は石製だったのか鉄製だったのか、という点を検討し、結論として、縄文時代にはすでに鉄器があったとしています。

## 関東の神々が集合

天の安河原に集まった神々は関東を出自としているということにも注目すべきでしょう。《荘重な祝詞を唱え》た天《あめ》の児屋《こやね》の命《みこと》は、中臣氏の祖神であり、つまりは藤原氏の祖神です。藤原の姓は、中臣鎌足が天智天皇から賜った姓です。中臣氏は、茨城県にある鹿島神宮を氏神とする一族です。つまり、天《あめ》の児屋《こやね》の命《みこと》は、関東出身の氏族神です。

《天の香山の茂った賢木《さかき》を根掘《ねこ》ぎにこいで、上の枝に大きな勾玉のたくさんの玉の緒を懸け、中の枝には大きな鏡を懸け、下の枝には楮《こうぞ》だの麻の皮の晒《さら》したのなどをさげて、布刀玉《ふとだま》の命《みこと》がこれをささげ持ち》という「布刀玉《ふとだま》の命《みこと》」は、太玉命とも書かれる、忌部氏の祖神です。

忌部氏において、その一族が関東に関係していたことは『古語拾遺』、あるいは平安時代初期の成立とされている史書『先代旧事本紀』に書かれています。それらによれば、神代、忌部氏遠祖の天富命（天太玉命の孫）は各地の斎部《いんべ》（忌部氏は平安初期に斎部に改姓した）を率いて種々の祭祀用具を作っていたが、さらに良い土地を求めようとして阿波（現在の徳島県）の斎部を率いて東に赴き、そこに麻・穀（かじの木）を植えたといいます。

『古語拾遺』には、天太玉命は高皇産霊神（タカミムスビ）の子であると書かれていて、平安初期に編纂された氏族名鑑『新撰姓氏録』にも同じ記述があります。そうであれば、天太玉命は、高天原＝日高見国の中心的な皇祖神の家系として存在したことになり、出自はもちろん関東です。

天富命が植えた麻が良く育ったので、その地は「総国《ふさのくに》」と呼ばれるようになりました。千葉県の上総《かずさ》、下総《しもうさ》の由来です。また、穀（かじの木）が育った地は「結城郡」と呼ばれるようになりました。

また、斎部が阿波から移住した地は、「安房郡」と名づけられました。千葉県は昔、安房国《あわのくに》、下総国《しもうさのくに》、上総国《かずさのくに》の三国からできていたのです。

安房郡には太玉命社が建てられました。太玉命社は安房社となり、後に現在の安房神社（千葉県館山市）となったとされています。同社の縁起には、主祭神の天太玉命につ

いて、

《『上の宮』の主祭神・天太玉命は、遠い神代の昔、天照大御神のお側近くにお仕えになられた神様で、中臣氏と共に朝廷の祭祀（お祭り）を司った斎部氏（忌部氏）の祖神に当たられます。

天照大御神が弟神・スサノオノミコトのあまりにも乱暴な振る舞いにお怒りになり、天の岩屋にお籠もりになられてしまった時には、中臣氏の祖神・天児屋命《アメノコヤネノミコト》と共に力をあわせて、大御神の御出現を願うためのお祭りを行なわれますが、当社御祭神は、それ以外にも御自身の率いる忌部の神々を指揮され、このお祭りを行なうために必要不可欠な鏡や玉、神に捧げる幣帛や織物、威儀物としての矛や楯といった武具、社殿の造営などを司られており、こうしたことから、日本における全ての産業の総祖神として崇敬されております》

（安房神社ウェブサイト）

と書かれています。

## 芸術の根源、アメノウズメ

閉ざされた天岩戸に対して、神々はいよいよ行動に出ます。天《あめ》の手力男《たぢからお》の神《かみ》が岩戸の陰に隠れて立ち、天《あめ》の宇受売《うずめ》の命《みこと》は、《天の香山の日影蔓《ひかげかずら》を手繦《たすき》に懸け、真拆《まさき》の葛《かずら》を鬘《かずら》として、天の香山の小竹《ささ》の葉《は》を束ねて手に持ち、天照らす大神のお隠れになった岩戸の前に桶をふせて踏み鳴らし神憑りして裳の紐を陰《ほと》に垂らし》ます。その姿はおもしろく官能的で、《天の世界が鳴りひびいて、たくさんの神が、いっしょに笑いました》。

続いて起こったのは次のようなことです。

《そこで天照らす大神は怪しいとお思いになって、天の岩戸を細目にあけて内から仰せになるには、「わたしが隠れているので天の世界は自然に闇《くら》く、下の世界も皆闇いでしょうと思うのに、どうして天の宇受売は舞い遊び、また多くの神は笑っているのですか」と仰せられました。そこで天の宇受売の命が、「あなた様に勝って尊い神がおいでになりますので楽しく遊んでおります」と申しました。かように申す間に天《あめ》の児屋《こやね》の命《みこと》と布刀玉《ふとだま》の命《みこと》とが、かの鏡をさし出して天照らす大神にお見せ申し上げる時に天照らす大神はいよいよ不思議にお思いになって、少し戸からお出かけになるところを、隠れて立っておられた天《あめ》の手力男《たぢからお》の神《かみ》がその御手を取って引き出し申し上げました。そこで布刀玉の命がそのうしろに締縄《しめなわ》を引き渡して「これから内にはお還り入り遊ばしますな」と申しました。かくて天照らす大神がお出ましになった時に、天も下の世界も自然と照り明るくなりました》

（前掲書『新訂古事記』）

この時のアメノウズメが『日本書紀』ではどのように書かれているか、もう一度確認しておきましょう。

《また猿女君《さるめのきみ》の遠い祖先の天鈿女命《あめのうずめのみこと》は、手に茅纏《ちまき》の鉾をもって、天の岩戸の前に立って、匠に踊りをした。また香具山の榊を頭飾《かみかざり》にし、ひかげのかずらをたすきに

し、かがり火を焚き、桶を伏せてその上に乗り、神憑りになったように喋り踊った》

（前掲書『全現代語訳日本書紀』）

記紀の中で、たいへん官能的な魅力に満ちた女神として書かれているアメノウズメをどう見るかというのは、きわめて興味深い問題です。

『古事記』の原文読み下し文では、アメノウズメの姿は次のようなものです。

《天の岩屋戸に覆槽《うけ》伏せて踏みとどろこし、神憑りして、胷乳《むなち》を掛き出で、裳の緒《ひも》を陰《ほと》に忍し垂りき》

（前掲書『新訂古事記』）

アメノウズメは特殊な桶をうつぶせにして置いてその上に乗り、乳房をあらわにするは、裳の紐でわずかに隠すくらいに女陰をあらわにするは、といったような具合に神がかった様子で足を踏み轟かして踊りました。これは、決して原始的で粗野な振舞いということではありません。どちらかといえば現代のエロティックなエンターテインメント、ストリップ・ダンスといったものに近い行為です。

こうしたことが神話に書かれているというのは、何を意味しているでしょうか。これは、日本神話という世界において、女性の官能性、エロティシズムが一つの表現として成立しているということに他なりません。

アメノウズメのその振舞いを見て、神々は笑いました。ここには舞踊の原型としての女性のエロティシズムがあるのです。高天原での出来事は現実の日高見国の先祖たちの現実の出来事ですから、日高見国では、今日と同じような性的快楽を楽しんでいることになります。

アマテラスは、「わたしが隠れているので天の世界は自然に闇《くら》く、下の世界も皆闇いでしょうと思うのに、どうして天の宇受売は舞い遊び、また多くの神は笑っているのですか」と言い、不思議に思って岩戸を少し開けます。アメノウズメは、「あなた様に勝って尊い神がおいでになりますので楽しく遊んでおります」と言い、鏡を差し出します。アマテラスは、その鏡に写った自分の顔をさらによく見ようとして身を乗り出しま す。そこを、アメノタヂカラオがアマテラスの手をとって引き出し、布刀玉の命が締縄を張って結界を作り、戻れないようにしました。こうして再び、高天原と葦原中津国に光が戻ったのです。

アメノウズメの踊りがきっかけとなってアマテラスは岩戸から出てくることになりました。これは、プリミティブなものではあるにせよ、日本においては神代の神々こその振舞いにこそ演劇という芸術の祖型があるということを意味しているでしょう。

『日本書紀』には《手に茅纏《ちまき》の鉾をもって、天の岩戸の前に立って、匠に踊りをした。また香具山の榊を頭飾《かみかざり》にし、ひかげのかずらをたすきにし、かがり火を焚き、桶を伏せてその上に乗り、神憑りになったように喋り踊った》（前掲書『全現代語訳日本書紀』）とあります。他に三つある異伝には、アメノウズメのダンスの記述も神々が喜んだという記述も出てきませんが、いずれにしてもエロティシズムというものが男性の神々だけではなく、アマテラスという女性神に対しても、有る種の感情を喚起するものとして書かれています。

これは、日本神話がきわめて人間的であることを端的に指し示してもいるでしょう。高天原の世界は、現実的な世界だったのです。

## アメノウズメと民俗学

神々が笑ったのですから、アメノウズメのダンスは意表をついたものだったと言うことができるでしょう。アメノウズメの子孫たちは、後の猿田毘古神（サルタヒコ）との深い関係から「猿女君」と呼ばれるようになります。二〇世紀の民俗学者の代表である折口信夫（一八八七〜一九五三年）は、能および狂言の祖である猿楽の滑稽な技芸は、猿女のヲコの技と一脈通じるものがあるということを言っています。ヲコとは、滑稽な、という意味です。つまり、能や狂言のルーツはアメノウズメにあるということです。

折口信夫は、アメノウズメが天岩戸の前で舞った踊り＝神楽は「鎮魂」のためのものである、と言いました。一般的に鎮魂は「死者の魂を慰める」という意味で使われますが、折口の言う「鎮魂」には少し説明が必要です。

《(鎮魂は) たまふり、又はみたまふりといふ。後世になると、たましづめといふ。

たましづめといふのは、人間の魂が或時期に於て、游離し易くなるから、其を防ぐ為と、又既に、游離した魂を落ちつかせる為で、此考へ方は、後のものである。支那にも、此に似た行事があつて、鎮魂と謂うて居た処から、日本のたまふりをも鎮魂と訳したのである。その大元は、外来魂を身に附ける事が、第一義。更に、分割の魂を、人々の内身へ入れてやる事。此が、第二義。そして、鎮魂を意味するのが、第三義である》

（「大嘗祭の本義」一九三〇年）

折口にとって重要な鎮魂は、第一義の《外来魂を身に附ける事》です。折口は、《神楽は、神遊びから出て居る》と言いました。

《あそびとは舞踊の事であるが、あそびとまひとには区別があつた。あそびには必、奏楽が伴うて居た、といふことのほかに、まう一つの違ふ点があつて、其方が大事な問題でもある。まひは踏み鎮めるのだが、あそびは、単に踏み鎮めるだけでなしに、色々の動作をして揺がす・魂をえぶる・魂を揺すぶつて完全に人間の身体に其外来魂を附着させるといふ、鎮魂の第一義があるのである。
(中略)
一體、たまふりには凡二通りの意味がある。古い意味の鎮魂は、外の有力な魂を身内に導き入れる事であり、其が後には、身から離れようとする魂、又は既に離れて了うた魂を呼び返す意味となつて来る。更に考へられるのは、自分の身の中にある悪い魂を、外に出ぬ様に抑へつけておかうとする事、併し、此は稍《やや》別のものである。そこで神遊びとなると、以上挙げた中の第一のたまふり、即、外から有力な魂を取つて来るといふ形から一歩出て、遊離した魂を自身に著《つ》けようとするものである》
(「上世日本の文学　天鈿女命」一九三五年)

折口は、アメノウズメの所作は古い意味の鎮魂である「たまふり」の儀礼であり、外来魂を集めて神の身に附ける行為だとします。したがって、《一部の学者たちが言ふ岩戸の神楽は、天照大神が亡くられた為に起こつたものであるとの説は、再考してみる余地がある様である》(前掲論文)としています。

折口の言う「外来魂」は、文化人類学の用語で「マナ」と呼ばれているものとたいへんよく似ています。マナについては、《メラネシアの土語〈マナ〉に由来し、非人格的な超自然力、またはときとして人格、非人格に関係なく超自然力一般をさすのに広く用いられるにいたった用語。マナは一八九一年コドリントン（R. H. Codrington）の著作『メラネシア人』によって紹介され、学界に大きな影響を与えた。この語が世界の諸宗教のもつ本質的な性格〈超自然力〉を説明し、理解するのに有効な内容を蔵しているとみなされたからである》と説明されています。メラネシアは西南太平洋にあるオセアニアの諸島です。マナは《神や死霊、祖霊、人間をはじめ、人工物、自然環境や河川、岩石などの自然物に含まれている力であるが、必ずしもそれらに固有の存在ではなく、物から物へと移転しうる》世界百科事典（平凡社）とされます。

「アメノウズメの所作は古い意味の鎮魂である「たまふり」の儀礼であり、外来魂を集めて神の身に附ける行為である」とする折口の説は、民俗学の先覚である柳田國男（一八七五〜一九六二年）の「巫女考」という論文に書かれている、アメノウズメが手にしていた《天の香山の小竹の葉（ささのは）》についての考察を展開したものだとも言われています。次の引用文中に出てくる「班女」「保名」は狂乱物と呼ばれる能あるいは歌舞伎の演目です。

《芝居に出て来る狂人《きちがひ》は班女《はんじょ》でも保名《やすな》でも必其手に竹の枝を持って居る。今迄の学者は之を何と解釈したのか知らぬが、あれには大分の沿革があつて、少くとも能の舞の狂女物は皆同じ型である。扇子などを其笹にぶら下げて居るのがあるのを見ても、手当次第に路端《みちばた》で拾つたので無いことはよく分る。自分は此物を以て携帯者の放心状態を表示する一種の象徴《しむぼる》と認めるのみならず、謡曲の歌占《うたうら》が手に持つ所の短冊を附けた小弓と共に、巫祝《ふしゆく》（神事をつかさどる人）が神を招く一用具、即《すなはち》古事記天岩戸の条の「天香山《あめのかぐやま》の小竹葉《ささば》を手草《たぐさ》に結ひ」とある其手草なる物の遺風であらうと想像する》

（「巫女考」一九一三年）

アメノウズメと芸術・芸能の関係については、漢文学・東洋学の白川静氏が氏の編んだ古語辞典『字訓』（平凡社、一九八一年）の中で、「《神と笑ひゑらぐ》巫女の神格化である」とし、「神々を和ませ神の手較ぶ（真似する）」神事の零落したものが現在の芸能である」としています。また、民俗学者の谷川健一氏は『狂気の論理』（講談社、一九八四年）で、笑いと狂気は「人間の原始的情念」が噴出したものであるとして、天岩戸の前で《巧みに俳優（わざおぎ。歌い舞うこと）をなす》（『日本書紀』）アメノウズメの行為は、神への祭礼、特に古代のシャーマン（巫）が行ったとされる神託の催事にその原形を見ることができる、いわばアメノウズメの逸話は古代の巫女たちが神と共に「笑ひゑらぐ」姿ではないか、と述べています（ウィキペディア参照）。

## 遊牧民的なアメノウズメの身体表現

アメノウズメは八百万の神を大笑いさせました。私はこれを、滑稽だから、下品だから大笑いしたのだとは解釈していません。稀にしか見られない裸体の舞踊による表現の真摯さに驚いた、ととるべきだろうと考えています。

日本の神々は自然体を重んじます。したがって、裸体を珍しくは思いません。しかし、アメノウズメのパフォーマンスは、肉体を極限にまで舞踊化したものでした。神々はそこに感動したのです。

古来、日本の芸能の伝統に裸体は見受けられません。もちろん、日本の伝統的な芸能の舞踊は、インドや中東の舞踊、西洋のバレエと同じではないにせよ、裸体の線を示してはいます。しかし、猿楽から能、歌舞伎にいたるまで、日本の伝統的な芸能に女性の裸体が登場することはなく、むしろ、身体を包む着物の美しさを披露します。

つまり、八百万の神々は、アメノウズメの所作に、日本の伝統にないパフォーマンスに常ならぬものを感じたのです。現代でこそ、ストリップ・ダンスならびにそれに類するものは日本でも西洋でも見られます。

しかし、肉体の激しい動きや性を強調する大胆な行為は、もともと、遊牧民的な官能なのです。遊牧民には、農耕民である日本人の、着物というものに見られるような文化とは異なった、肉体的なところを強調する伝統があります。

折口信夫も柳田國男も、必ずしも、アメノウズメのパフォーマンスに西方という異郷性を見ているわけではありません。それは、彼らの視野が日本のみに向けられている、あるいは、広くとっても近隣の文化しか見ていないからかもしれません。彼らの研究の世界でいうところの「マナ」は、近隣のメラネシア系の太平洋の島嶼で見られる原始的な宗教における神秘的な「力の源」のことで、ヘブライ語やアラビア語の「マナ」には関係しません。

もっとも、こちらのマナは、神が天から降らせた食物のことです。『旧約聖書』出エジプト記・第一六章に登場します。イスラエルの民がシンの荒野で飢えた時、モーゼの祈りに応じて神が天から降らせました。人々は、「これは何だろう」と言いながら口にしました。そこで、ヘブライ語で「これは何だろう」という意味の「マナ」がこの食物の名前となったといいます。

## アメノウズメの実在性

アメノウズメは後にサルタヒコの妻となり、「猿女」と呼ばれるようになります。実は、『古事記』編纂の責任者・太安万侶に対して、収録されるべき伝承を口承したことで知られる稗田阿礼はアメノウズメの子孫です。系図など、家にかかわる記録を文書にしたものを家牒《けちょう》と言いますが、先述の斎部氏の『斎部氏家牒』に次のように残されています。

《稗田阿禮語る所の古事記也。阿禮は宇治土公庶流。天宇受売命の末葉なり》

この関係は、アメノウズメの踊りというものと稗田阿礼の口承というもの、身体で記憶するものと言葉で記憶するものの共通性という点でたいへんおもしろいと思います。どちらにも当てはまる「猿真似」といった言葉もあり、すでに述べた通りアメノウズメの子孫たちは後に「猿女」と呼ばれるようになっていました。

アメノウズメと稗田阿礼の関係でもうひとつ重要なのは、アメノウズメが稗田阿礼の祖先なのであれば、当然、アメノウズメは実在した人物である、ということです。高天原の神を祖先とする実在がある、ということは、高天原の神もまた実在の存在であるということに他なりません。

つまり、アメノウズメは日高見国に存在した一族であるということなのですが、ポイントはアメノウズメの踊りの異質性です。日高見国には、西域からの帰化人が存在していたに違いないということになります。

そうした視点から、折口信夫が指摘した「猿楽の発祥はアメノウズメにある」という指摘を考えてみるとおもしろいことがわかります。折口は次のように語っていました。

《物狂ひの中に、猿女君の物狂ひともいふべき、をこのわざを主とするものがあった。人を笑わせ、神を喜ばすわざである。平安朝になつて、さるがうごといふ単語が生じた。其さるがうは、猿女君のをこのわざと一脈のつながりがある。明衡朝臣に「新猿楽記」を作らせた猿楽の家一族の源流にも亦、遥かに遠いものがあった》

（前掲論文「上世日本の文学」）

明衡朝臣とは、平安時代中期の文人貴族・藤原明衡《ふじわらのあきひら》のことです。「新猿楽記」は、当時一一世紀の平安京で流行した猿楽と、それを見物する人々の弱薄を描いた風俗記録です。

先に、ユダヤ系人物をかたどった人物埴輪について触れたとき、「人物埴輪に関係する、つまりユダヤ系の渡来人・帰化人の中で、特に注目すべきなのが秦氏です」と述べました。これに関する興味深い論説が、室町時代の能役者・世阿弥（一三六三?～一四四三年）が書き記した『風姿花伝』の中に見出せます。

《欽明天皇《きんめいてんのう》の時代に、大和の初瀬川《はつせがわ》が洪水になつた。そのとき川上から一つの壺が流れ下ってきたのを、三輪神社の鳥居のあたりで拾うものがあった。壺の中には玉のように美しい幼児がいた。これは天から降ってきた人だというので、さっそく内裏にこのことを報告しておいたところ、その夜の天皇の夢に「わたしは秦の始皇帝の再誕である」というお告げがあった。そこでこの幼児を内裏に迎え、殿上人として育てることにした。成長するにつれて大変な才能を発揮するようになったために、十五歳になったとき、「秦」の姓を与えて、これを「はだ」と読ませ、秦河勝《はだのこうかつ》と呼び、重用することとなった。

聖徳太子の時代、物部守屋の反乱があり、政情が不安定であったとき、例の神世と釈迦時代の吉例を思い出されて、六十六番の物まねをして、天下に平安をもたらそうと考えられた。その役に秦河勝を抜擢したのである。

聖徳太子は六十六番の猿楽の面を手ずから彫られ、河勝に与えた。橘の内裏（橘寺の内裏の意味だが、ここがもと秦氏の所有地であった可能性があるという）の紫宸殿でこれを上演した。すると政情も安定し、国は静かになった。このとき太子は、「猿楽」を変形して「申楽」として、この音楽を以後そう呼ぶことにした。この時、秦河勝は猿楽芸を子孫に伝えたとされる》

（『風姿花伝・三道』竹本幹夫・訳、角川学芸出版、二〇〇九年）

世阿弥は、自分は秦河勝の子孫であると名乗る人物でした。そして、私が論文「ユダヤ系秦氏の歴史的系譜」（『日本神話と同化ユダヤ人』勉誠出版、二〇二〇年）で分析した通り、秦河勝は、帰化したユダヤ系の系譜にあると考えられます。

これまで、多くの歴史家たちは、秦氏については一貫して、根拠も曖昧なまま朝鮮系あるいは中国系であるとして扱うことにしてきました。しかし、もはや、その主張はとられるべきではないでしょう。大量のユダヤ人埴輪の存在が、通説の見直しを求めています。

## アメノウズメと「面白い」という言葉

アメノウズメが後に結婚することになるサルタヒコは、天孫降臨の神話に登場し、アメノウズメに出会います。アマテラスは葦原中国を統治させるために御子のヒコホノニニギノ命を高天原から降ろします（天孫降臨）。

《さてヒコホノニニギノ命が、天降りなさろうとするときに、天から降る道の辻にいて、上は高天原を照らし、下は葦原中国を照らしている神がいた。そこで、天照大御神と高木神の仰せによって、アメノウズメノ神に命じて、「あなたはか弱い女であるが、向き合った神に対して、気おくれせず圧倒できる神である。だから、あなた一人で行ってその神に向かって、『天つ神の御子の天降りする道に、そのように出ているのは誰か』と尋ねなさい」と仰せになった。それでアメノウズメノ神が問いただされたとき、その神が答えて申すに、「私は国つ神で、名はサルタビコノ神と申します。私がここに出ているわけは、天つ神の御子が天降っておいでになる、と聞きましたので、ご先導の役にお仕えいたそうと思って、お迎えに参っております」と申し上げた》（前掲書『古事記全訳注』）

原文の読み下し文では、「か弱い女」は《手弱女《たわやめ》》、「気おくれせず圧倒できる神」は《面勝つ神》と表現されています。

ここはたいへん興味深いところです。アメノウズメは、アマテラスと高木神（タカミムスビ）に《「手弱女」だが、顔をあわせても気おくれしない「面勝つ神」だからあなたが一人で行って問いなさい》と言われました。「面勝つ神」だ、というのが、アマテラスとタカミムスビのアメノウズメに対する評価です。

つまり、アメノウズメは他とは違う、ということです。縄文から続く伝統的な日本人の性格は、今日でもそうであるように、目立たずおとなしい性格であるということが、こんなところからもわかるのです。それとは異なる気丈な性格だったから、アメノウズメは《あなたが一人で行って問いなさい》と命じられました。

「面白い」という言葉の語源がアメノウズメにあると言われています。それを指摘したのは、前出の世阿弥です。アメノウズメが踊り、アマテラスが岩戸をわずかに開けた時、アマテラスの光を受けたアメノウズメをはじめとする神々の顔がひときわ白く輝いた、というのです。

《申楽時代の始まりと云ふは、天照大神、天の岩戸に籠り給ひし時、天下常闇に成りしに、八百万の神達……大神の御心をとらんとて、神楽を奏し……神憑りとす、謡ひ舞ひ奏で給ふ。……大神、岩戸を少し開け給ふ。……神達の御面白かりけり。其の時の御遊び、猿楽の初めと、云々》

（『風姿花伝』）

「神々の面が白い」と「面白い」とを組み合わせているわけですが、私はやはり、ここにアメノウズメの大きな役割を見ます。

《神達の御面白かりけり》（神々の面白い）というのは、天照の光にあたって明るい、という意味です。現在使われている面白い＝「見て楽しい、滑稽である、奇妙である」とは違います。太陽神天照の光には、滑稽なものはありません。

アメノウズメの楽しくて滑稽な踊りがあったからこそ、「面白い」の意味も生じたはずだと私は思います。神々の内の、アメノウズメの顔が白く輝いたところにこそ、「面白い」を見た方が妥当でしょう。

世阿弥以降、舞踊を伴う演芸の評価としてまず「面白い」という言葉がでてくるようになります。これは、アメノウズメの裸舞がどのようなものだったか、その踊りによってどんなことが起こったかを考えることによって説明できるわけです。

アメノウズメの踊りが日本の舞踊や演劇の原点である、つまり、若い女性が恥ずかしげもなく裸体で踊ることが原点であるという考え方には、おそらく、日本の芸術の隠れた本源が関係しています。アメノウズメの踊りは、中東的で官能的な踊りに触発された舞踊です。このことは、その後の日本人の、着物をまとって洗練された舞を踊る伝統的な舞踊に隠された官能性を説明するヒントさえ与えるのです。こうしたことを考えることで初めて日本の舞踊は理解できるはずです。

アメノウズメが、これもまた日本人とは異質な神として考えられてきたサルタヒコと結婚することになる、というのもこうした分析から理解できるようになります。私は、『日本神話と同化ユダヤ人』（勉誠出版、二〇二〇年）に収録した「サルタヒコとはどのような神であったか」と題する論文でサルタヒコもまた日本人と出身の異なる神であることを検証しています。

『古事記』『日本書紀』の時代は、西方からの帰化人が多く日本に存在した時代でした。彼らは、中国を通過することによって漢字を知っていました。漢字を使った文書に述べられている神々の中に西域の人々がいるのです。それら帰化人の中に、秦氏のような、ユダヤ系、中東系の人々が数多くいたのです。

猿楽、散楽といった、大陸からやって来たとされる舞踊劇も、その普及や発展には秦河勝をはじめとする秦氏が中心的な役割を果たしてきたと考えられます。これらの芸能は、雅楽とともに朝廷の保護下におかれました。

正倉院宝物のひとつに「墨絵弾弓《すみえのだんきゅう》」というものがあります。弾弓とは武器ではなく、丸玉を弾いて飛ばす遊技具の弓です。そして、その弓の内側には、「散楽」の楽師たちの様子がびっしりと描かれていました。散楽とは曲芸や手品を含む奏楽舞踊のことです。弾弓に描かれた楽師たちを転写したものが「正倉院蔵墨絵弾弓散楽図」ですが、ここにいる楽師たちは中国や挑戦の人々ではなく、西方からやってきた人々です。七八二年に廃止されるものの、朝廷は散楽師の養成機関である「散楽戸」をもうけて保護を図りました。こうした政策の実施においても秦氏が尽力したと言われています。

トレス：逆名[@sakana6634]　http://depth333trench.blog.shinobi.jp/

# 第五章　天の香具山の秘密

## 東国に由来する「香具山」

『古事記』の天岩戸の神隠れの神話には「天の香具山《かぐやま》」がたいへん大切な山として登場します。

《(思金神は) 次にアメノコヤネノ命とフトダマノ命を呼んで、天の香具山の雄鹿の肩骨を抜き取り、天の香具山の朱桜（かにわざくら、ははか）を取り、鹿の骨を灼《や》いて占い、神意を待ち伺わせた。そして天の香具山の枝葉の繁った賢木《さかき》を、根ごと掘り起こして来て、上の枝に勾玉を通した長い玉の緒を懸け、中の枝に八咫鏡《やたのかがみ》を懸け、下の枝に楮《こうぞ》の白い布帛《ふはく》（織物）と麻の青い布帛を垂れかけて、これらの種々の品は、フトダマノ命が神聖な幣《ぬさ》として捧げ持ち、アメノコヤネノ命が祝詞《のりと》を唱えて祝福し、天手力男神が石戸の側に隠れて立ち。アメノウズメノ命が、天の香具山の日陰蔓《ひかげのかずら》を襷《たすき》にかけ、真拆葛《まさきのかずら》を神に纏《まと》い、天の香具山の笹の葉を束ねて手に持ち、天の石屋戸の前に桶を伏せてこれを踏み鳴らし、神がかりして、胸乳をかき出し裳《も》の紐《ひも》を陰部までおし下げた。すると、高天原が鳴りとどろくばかりに、八百万《やおろず》の神々がどっといっせいに笑った》

（前掲書『古事記全訳注』）

香具山は、一般的には、奈良県橿原市にある、畝傍山《うねびやま》、耳成山《みみなりやま》と並ぶ、いわゆる大和三山のひとつとして知られています。ただし、ここの出てくる香具山には、「天の」という言葉がついています。

天岩戸の出来事は、高天原での出来事です。つまり、香具山はもともと高天原にあった山であると言うことができます。

不思議に思うことはないでしょうか。ここに集まっているのは神様たちです。高天原というのも天上にあるこの世ではない世界です。それなのに、どうして占いをするのでしょうか。言ってしまえばこの世の私たちと同じように未来は神のみぞ知るといった調子で、「朱桜《ははか》」という現実世界にある植物を取り、鹿の骨を焼いて占ったりするのでしょうか。

日本神話にはたびたび、地上的な行為や地上にある植物が登場し、『古事記』はそれを書き記しています。これはつまり、「高天原はもともと地上的な世界が基礎にある世界である」ということです。

では、どんな地上世界が書き記されているのでしょうか。江戸時代後期の国学者・伴信友（一七七三〜一八六四年）は占いの関する考証本『正卜考』の中で、次のように述べています。卜《ぼく》は占いのことです。

《卜料に牡鹿を捕りて、やがて其肩骨を抜取て、波波迦火にうちくべて灼く法なりときこえたり、其は鹿島神宮の卜事に、鼎に波波迦の枝を焼きて、亀甲をうちくべて灼たる由、その神宮の古文書に見え、又上野国甘楽郡、貫前神社の神事に、卜鹿とて、鹿の肩骨を、錐もて刺して卜ふる事あり、其鹿は同郡秋畑村にて捕りて献る例なり》

ここには「波波迦《ははか》」も「鹿」も出てきます。鹿の骨で占うのは、鹿島神宮（茨城県）

の名の由来でもあります。また、「ははか＝朱桜」は越後の彌彦神社にまつわるものがたいへん有名です。

ともに東国であり、日高見国と呼ばれた国の中にあります。つまり、もともと地上的な世界が基礎にある高天原は、東国・日高見国の現実を書き記したものです。占いは、藤原氏が中臣氏とよばれていた頃に受け持っていた神事・祭祀のひとつでした。

具体的に言えば、天岩戸の神話に登場する天の香具山の朱桜《ははか》とは、彌彦神社の御神体である弥彦山に植生する上溝桜《うわみずざくら》のことです。『古事記』に登場する「ははかの木」とされるこの弥彦山の上溝桜は、歴代天皇の代替わりに行われる大嘗祭で占いに使用される御神木です。二〇一九年の天皇即位の際にも、弥彦山の上溝桜（＝ははかの木）が献上されました。

彌彦神社の御祭神は天香山命《あめのかぐやまのみこと》です。この天香山命こそ、奈良の香具山の名前の由来です。天香山命は、神武天皇の東遷の際、韴靈剣《ふつのみたまのみつるぎ》を神武天皇に献ずるという大功のあった人でした。大和平定後、天香山命は神武天皇から越後平定の勅を賜り、弥彦の地に宮居を構えて当地の発展に尽力しました。

## 小さすぎる奈良の香具山

天の香具山は東国からもたらされたものだということをよく示している歌が『万葉集』二番歌に収録されています。飛鳥時代、第三四代舒明天皇の国見歌です。天皇をはじめ、政治を司る存在が高い所に登って周りの地勢や民の生活状況を見ることを「国見」と言います。

《大和《やまと》には　群山《むらやま》あれど　とりよろふ　天《あめ》の香具山　登り立ち　国見をすれば　国《くに》原《はら》は　煙《けぶり》立ち立つ　海原《うなはら》は　鷗《かまめ》立ち立つ　美《うま》し国ぞ　蜻蛉《あきつ》島《しま》　大和の国は》

（大和の国には多くの山々がある。しかし、中でもとりわけ神聖なのは天の香具山である。そこに登って国見をすると、大地からは煙がさかんに立ち昇り、大海原にはカモメがさかんに飛び立つのが見える。素晴らしい国である、この秋津島である大和の国は）

「とりよろふ」山、つまり大和を代表する山として天の香具山が歌われています。舒明天皇は、大和には多くの山があるが、とりわけ天の香具山は国見にふさわしい山である、と讃えています。

しかし、この歌については、ある疑問を感じざるをえないというのが正直なところです。奈良県橿原市に存在する香具山は標高一五二・四メートルです。一五〇メートルそこそこの山から、「国原《くにはら》」というほどの広い国土を見下ろせることができるでしょうか。もちろん国原とは象徴的な言い方であって、国原というのを大和の盆地に限定して考えても不都合はないということにもなるでしょう。

しかし、奈良＝大和に「海原《うなはら》」はやはりおかしいのです。海鳥であるかもめが飛来することはありません。かもめが飛来する場所には豊かな海の幸があるという意味として捉えても、大和はそういった地としてふさわしくありません。海もなければかもめも飛来しないからです。

そうした疑問を背景にしながら、香具山を、もともと「高天原」にあった山であると考えると、いろいろな事実を推定できることになります。「煙《けぶり》立ち立つ」の煙とは、国土に暮らす人々の家々から立つかまどの煙です。「立ち立つ」は、そんなかまどの煙が随所に立っているということで、豊作による豊かな食とそれを楽しむ民の賑わいが情景として目に浮かびます。

これまで国文学者の間では、「国原」や「海原」といった言葉は「うまし国」の象徴的表現である、という問題として考えられてきました。予祝（前もって祝い讃えること）の意味も含められた「ことほぎ」の歌であって問題はない、ということです。

しかし、舒明天皇は「美《うま》し国ぞ　蜻蛉島《あきつしま》　大和の国は」と歌って讃えているのです。蜻蛉島《あきつしま》とは本州のことで、舒明天皇が歌っている大和の国の大きさは本州規模です。奈良にある香具山の現実的な大きさから考えれば、ここで歌われている「天の香具山」を奈良にある香具山と考えるのには無理があります。

舒明天皇の国見歌は、天の香具山とは高天原の天の家具山田という想定があって初めて成り立つ歌である、と言うことができるでしょう。つまり、現実の、東国に遭った日高見国の山を想定することで初めて理解できる、ということです。

舒明天皇の国見歌に出てくる「蜻蛉島《あきつしま》」は、神武天皇の国見歌を踏襲している、と考えられています。『日本書紀』に、神武天皇が橿原で即位した後のエピソードとして次のような記述があります。

《三十一年夏四月一日、天皇の御巡幸があった。腋上《わきうえ》の嗛間《ほほま》の丘に登られ、国のかたちを望見していわれるのに、「なんと素晴らしい国を得たことだ。狭い国ではあるけれども、蜻蛉《あきつ》がトナメして（交尾して）いるように、山々が連なり囲んでいる国だなあ」と。これによって始めて秋津洲《あきつしま》の名ができた》

（前掲書『全現代語訳日本書紀』）

神武天皇は、連なり飛ぶたくさんの蜻蛉を見て、また、おそらくは下に広がった豊かに実る稲の田を見ながら、「蜻蛉の臀呫《となめ》の如し」＝「蜻蛉《あきつ》がトナメして（交尾して）いるように」とこの地を称えたのです。

## 天の香具山、高天原を避ける『日本書紀』

香具山にまつわるさまざまな疑問を解くヒントのひとつとなるのが、次に掲げる、『万葉集』に収録されているたいへん有名な持統天皇の歌です。

《春過ぎて　夏来たるらし　白たへの　衣ほしたり　天の香具山》（巻一・二八）
（春が過ぎ、夏がやって来たようだ。真っ白な衣が干してある、天の香具山に）

持統天皇（六四五〜七〇三年）は天武天皇の皇后であるとともに、史上三人目の女性天皇でもありました。生前の実名である諱《いみな》は「鸕野讚良（うののさら、うののささら）」といいました。『古事記』や『日本書紀』に見られる天皇の名前を和風諡号《わふうしごう》と言い、持統天皇は「高天原廣野姫天皇《たかまのはらひろのひめのすめらみこと》」と言います。「持統天皇」は漢風諡号で、漢風諡号は例外もありますが崩御した後に称される名前です。

和風諡号の「高天原廣野姫天皇」に「高天原」が含まれています。持統天皇は「高天原」と関係があるのです。高天原は象徴に過ぎず抽象的な天国であるという通説的な考え方からすれば、「高天原廣野姫天皇」は単に天皇を神格化するための諡号であるということになるでしょう。

私はそうは考えません。高天原は、現実にあった東国の日高見国と考えられますから、「高天原廣野姫天皇」という諡号は、その地域＝日高見国の氏族の出身であるという意味を含むのです。実際に、持統天皇は美濃の出身であり、美濃は日高見国の一部の地域と考えていいのです。

さて、この項で問題にしたいのは《春過ぎて　夏来たるらし　白たへの　衣ほしたり　天の香具山》という歌です。天の香具山に《白たへの　衣ほしたり》、つまり、白い衣ないし布を干すようなことがあったのだろうか、ということです。

持統天皇は天武天皇の皇后としてその遺志を引き継ぎ、律令による国の基礎づくりを進め、藤原京の造営を進めて遷都しました。このことから、右記の歌は、次のように解釈されてきました。「藤原京は、香具山の西側一帯に開けている、日本で最初の本格的都城である。香具山を望んで住む人々は、その山の人としての「やまと人」＝「大和」人という思いを強くした。都を造営し、白鳳文化の鼻を咲かせたのは藤原一族である。この歌は、そういった流れの中で、夏の訪れとともに香具山に干す衣替えのための白い布が耕作の始まりを告げていることを描いた、たいへんたおやかな歌である」。

《夏来たるらし》は夏の到来を意味しています。ここで言う「夏」は、現在の私たちの新暦・太陽暦では春の四月に該当します。《白たへの　衣ほしたり》は、衣替えにあたって夏用の服である白い衣を天日干ししている、ということです。香具山は初夏の新緑に萌えているはずです。その緑色に衣の白色が鮮やかなコントラストをもって映えていることが歌われています。

この歌で重要なのは、「衣替え」を歌ってはいるものの、農事を告知する王者（天子）の歌であるという印象を与える、という点です。

当時のこの時期、朝廷には、天子の行う衣替え・夏服の着用、および営農の勧めという重要な儀礼があったと言われています。農事の始まりを告げる山として香具山が位置づけられている、ということです。

これは、前述の舒明天皇の国見の歌の内容と対応しています。夏の到来によって夏服に着替え、民に先んじて田を耕す理想の天使像という伝統を踏まえた歌である、ということになります。

ところが、『日本書紀』には、ほとんど天の香具山は出てきません。天岩戸の神話のところで、榊《さかき》の入手場所として登場するくらいのものです。レヴィ・ストロースが『日本書紀』は学者風」と評価したように、学術的な編纂に努めている『日本書紀』においては、天の香具山に無理な役割は与えていない、ということです。『古事記』よりもなお公的な『日本書紀』においては、客観性に欠ける記述はできるだけ避けようという意識があったのではないかと考えられるのです。

つまり、現実の「日高見国」を語ろうとするのであれば、日高見国にとって重要な山として富士山の名を出さざるをえません。しかし、日高見国を高天原というものにスライドさせてしまえば、その具体性はなくなり、富士山の名を出す必要はありません。『日本書紀』には、西方に都を置く中央政府としては東方の歴史を忘れ去りたい、という意識が働いているように見えます。高天原のことを言えば言うほど、それは現実に日高見国として存在していたのですから、東方の歴史を語らざるをえません。
『日本書紀』に「高天原」が登場するのは、前述した持統天皇の諡号「高天原廣野姫天皇」と、後は四箇所となっています。それも、正伝ではなく、「一書《あるふみ》に曰く」つまり異伝として登場します。

《また一書（第三）ではこういっている。天地がはじめて分かれるときに、始めて一緒に生まれでた神があった。国常立尊《くにのとこたちのみこと》という。次に国狭槌尊《くにのさつちのみこと》。また高天原《たかまのはら》においでになる神の名を天御中主尊《あめのみなかぬしのみこと》という》

《一書（第三）にいう。伊奘諾尊《いざなぎのみこと》・伊奘冉尊《いざなみのみこと》二柱の神が、高天原においでになっていわれるのに「国をつくろう」と。そして玉飾りの矛で磤馭慮島《おのころじま》を、海をかきまぜてつくった》

《一書（第六）にこういっている。伊奘諾尊《いざなぎのみこと》と伊奘冉尊《いざなみのみこと》とは、協力して大八洲国を生み出された。（中略）伊奘諾尊が三柱の子に、任命されていわれるのに、「天照《あまてらす》大神《おおみかみ》は高天原を治めなさい。月夜見尊《つくよみのみこと》は青海原の潮流を治めなさい。素戔嗚尊《すさのおのみこと》は

天下を治めなさい」と》

《一書（第十二）にいう。伊奘諾尊《いざなぎのみこと》が三柱の御子に命じておっしゃるのに、「天照《あまてらす》大神《おおみかみ》は、高天原《たかまのはら》を治めよ。月夜見尊《つくよみのみこと》は、日と並んで天のことを治めよ。素戔嗚尊《すさのおのみこと》は、青海原を治めよ」と》

（前掲書『全現代語訳日本書紀』）

正伝に「高天原」は登場しません。つまり『日本書紀』の公式見解としては高天原というものはない、あるいは高天原は無視しようという意識が働いている、と言っていいでしょう。しかし、やはり異伝として記述されているのは、編纂にあたった人々に、日高見国の記憶は消しきれるものではない、という共通認識があるからではないかと考えられるのです。

## 神々と富士山

山部赤人は七〜八世紀の奈良時代を代表する歌人です。聖武天皇の宮廷歌人だったとも言われています。この山部赤人が、『古事記』『日本書紀』に書かれた神代の記述と富士山とを関係づける歌を詠んでいます。それが『万葉集』に収録されています。『万葉集』は、奈良時代の末期に成立したとみられている、現存最古の和歌集です。

《天地の　分れし時ゆ　神さびて　高く貴き　駿河なる　布士の高嶺を　天の原
ふり放け見れば　渡る日の　影も隠らひ　照る月の　光も見えず　白雲も　い行き
はばかり　時じくぞ　雪は降りける　語り継ぎ　言ひ継ぎ行かむ　不盡の高嶺は》
（『万葉集』巻三・三一七）

（天地の初めて別れた時からずっと、神々しく高く貴い駿河の富士の高嶺を、天遠くふり仰いでみると、空渡る太陽の光も頂に隠れ、照る月の光もさえぎられ、白雲も流れなずんで、いつも雪が降っている。これからも語りつぎ、言いついでいこう、富士の高嶺は）
（『万葉集　全訳原文付（一）』中西進、講談社）

山部赤人のこの名高い富士の歌は、冒頭の部分から、『古事記』『日本書紀』の世界との強い関連性を感じさせます。そして、この長歌の後に置かれた反歌としての短歌は、さらに有名かもしれません。作者は同じく山部赤人です。

《田兒の浦ゆ　うち出でて見れば　眞白にぞ　不盡の高嶺に　雪はふりける》

（『万葉集』巻三・三一八）

（田子の浦を通って出てみるとまっ白に富士の高嶺に雪が降っていたことだ）

（前掲書『万葉集　全訳原文付（一）』）

この歌は、現在の静岡県静岡市にある薩埵峠《さったとうげ》の中腹から富士山を眺めた歌だと考えられています。

『万葉集』には、さらに、天の香具山を「天＝高天原」というふうに結びつけていると考えられる、次の歌があります。

《天降りつく　神の香具山　うちなびく　春さりくれば　櫻花　木のくれ茂み　松

風に　池波たち　邊つへに　あぢむらさわき　沖邊には　鴨妻よばふ　ももしきの　大宮人の　退り出て　こぎける舟は　棹梶も　無くてさぶしも　こがむと思へど》

（『万葉集』巻三・二六〇）

（神の香具山が春になり、木暗くなるほど桜が咲き、松風に池は波立って、岸辺にあじ鴨が群れ騒ぎ、沖では妻を呼ぶ。大宮人が宮を出て、漕いでいた船棹や櫂がどこにもなくてさびしいことだ、漕いでみたいと思うのに）

「或本の歌に云はく」としてある、作者不詳の歌です。二五七番に同じ内容の歌があり、二六〇番のこの歌は手が加えられて推敲されたもののようです。

ここには、香具山を歌いながらも、大和地方にはない松風、沖辺の鴨、漕ぐ船など、海の風景があります。神の香具山は、天＝高天原＝日高見国から移ってきたのです。岸辺に鴨が騒ぎ、沖では妻を詠んでいる風景は東方のものです。大和の香具山は東国の記憶を保持した山なのだと解釈できるでしょう。

# 第六章　なぜヤマタノオロチを倒すのか

## 財産を没収されたスサノオ

アマテラスを苦しめ、他の神々にも多大な迷惑をかけたスサノオは、高天原から追放されます。アマテラスが天岩戸から出た後、スサノオは四つの刑罰を受けることになりました。財産の没収、髪の毛を抜かれる、手足の爪を抜かれる、そして高天原からの追放です。

『日本書紀』には次のように書かれています。

《然して後に、諸《もろもろ》の神《かみたち》罪過《つみ》を素戔嗚尊に帰《よ》せて、科《おは》するに千座置戸《ちくらおきと》を以てして、遂に促《せ》め徴《はた》る。髪を抜きて、其の罪を贖《あか》はしむるに至る。亦曰《い》はく、其の手足の爪を抜きて贖ふといふ。已にして竟《つひ》に逐降《かむやらひやら》ひき》

（『日本古典文学体系日本書紀』岩波書店）

《その後もろもろの神たちは、罪を素戔嗚尊にきせて、沢山の捧げ物をお供えする罪を負わせた。髪をぬいてその罪をあがなわせることもした。また手足の爪をぬいて、罪のあがないをさせたともいう。そしてついに高天原から追放された

（前掲書『全現代語訳日本書紀』）

スサノオはまず最初に、「千座置戸の徴収」と呼ばれていますが、千の倉に入るほどの財物、つまり千戸の御蔵にしまっていた米や穀物を没収されました。ただし、なぜスサノオが高天原でそれだけの財産を築くに至ったかということについてはどこにも書かれていません。

ここにはぜひ分析しておくべき重要なポイントがあります。スサノオが高天原で富を得ていて、その富を神々が取り上げて追放する、という一連の経緯を『日本書紀』が取り上げているということは、何らかの歴史的事実の反映だと考えられるからです。

スサノオは高天原で千の倉を持つほどの富を勝ち得て、高天原の「権力者」であるアマテラスに盾を突き、アマテラスの権威を失墜させて岩戸隠れをさせ、他の神々つまり高天原の住民に迷惑をかけました。ユダヤの歴史を知っている人はすぐに思い当たると

思いますが、ここにはある種のユダヤ人の歴史の典型があります。

近代と呼ばれる時代にもその典型はありました。ユダヤ人を中心とした革命家が革命を構想し、結果として失敗し、不当に得た富を取り上げられて追放される、というのがロシア革命というものであり、それによって成立したソ連の崩壊という歴史でした。スサノオの罪は普通であれば死刑以外に相当するものはないものだったでしょう。権力者アマテラスの弟であったために追放という刑ですんだのだと言うこともできます。

こうした解釈は、ともすれば、ユダヤ人に対する人種偏見のように聞こえるでしょう。しかし、古墳から出土するユダヤ人埴輪という日本にユダヤ人がやって来ていた証拠があり、秦氏というユダヤ系の一族の存在がある以上、こうした解釈はあながち不当なものではありません。

多くの日本人は、革命的な傾向を持つといったユダヤ人の姿を元来のユダヤ人の性格だとは思いません。『旧約聖書』にその姿を求めるのが常だからです。そして、日本人が知っている歴史の中には、スサノオの他に、最高権力者に立ち向かって追放されてしまったという存在はありません。

「髪の毛を抜く」という処罰の意味は何でしょうか。日本の神々にとってスサノオの髪は抜くべきもの、取り除くべきものだった、ということです。「手足の爪を抜く」という処罰も同様の理由でしょう。スサノオの髪や手足の爪が、高天原の神々の目に異様で危険なものに映ったのでしょう。

「髪の毛を抜く」「手足の爪を抜く」という刑罰は、古来西洋で行われてきた「皮剝ぎの刑」の軽いものであると言うことができるかもしれません。長時間の苦しみの後で死に至るというのが「皮剝ぎの刑」ですが、イザナギから一定地域の統治を命じられているスサノオを再起不能にしてしまうわけにはいきません。

いずれにしても、高天原追放の前の三つの処罰、「千座置戸の徴収」「髪の毛を抜く」「手足の爪を抜く」は、象徴的な罰というようなものではなく、現実の社会の刑罰のように見えます。現実の社会の刑罰、ということはつまり、国というものがあった、ということに他なりません。

スサノオが受けた刑罰を具体的な国家「日高見国」の刑罰として捉えると理解しやすくなります。財産没収の刑であり、肉体的な体罰の刑であり、国家追放の刑です。私はここに、各国を渡り歩く離散民（ディアスポラ）たるユダヤ人のあり方を見る思いがします。

しかし、日本人はスサノオを見捨てはしませんでした。高天原の神々は、そのユダヤ人的な性格を尊重し、地上の国＝葦原中津国で果たすべき役割に期待したのです。

## スサノオの暴力性

「高天原」を追放されたスサノオは、財産も取られて空腹を覚えてオオゲツヒメ（大気都比売神）に食物を求めます。

《またスサノヲノ命は、食物をオホゲツヒメノ神に求めた。そこでオホゲツヒメは、鼻や口また尻から品々のうまい食べ物を取り出して、いろいろに調理し整えて差し上げるとき、ハヤスサノヲノ命は、そのしわざを立ち向かって、食物を穢《けが》して差し出すのだと思って、ただちにそのオホゲツヒメノ神を殺してしまった。そして殺された神の身体から生まれ出た物は、頭に蚕《かいこ》が生まれ、二つの目に稲の種が生まれ、二つの耳に粟が生まれ、鼻に小豆《あずき》が生まれ、陰部に麦が生まれ、尻に大豆が生まれた。そこでカムムスヒの御母神《みおやかみ》は、これらを取らせて五穀の種となさった》

（前掲書『古事記全訳注』）

食事の用意をするオオゲツヒメの様子をスサノオが覗いてみると、その鼻や口、尻から食材を取り出して調理をしていることがわかりました。スサノオは、そんな汚いものを食わせるつもりかと怒り、すぐさまオオゲツヒメを斬り殺してしまいます。すると、オオゲツヒメの頭から蚕が生まれ、目から稲が生まれ、耳から粟が生まれ、鼻から小豆が生まれ、陰部から麦が生まれ、尻から大豆が生まれ、これをカミムスヒノカミ（神産巣日御祖神）が回収して五穀となったと伝えられているわけです。

オオゲツヒメの死体から蚕、稲、粟、小豆、大豆、麦などが生まれたとしていることから、日本人が今でも主食としている炭水化物および植物性タンパク質の食糧が、すでに生産されていたことがわかります。また、オオゲツヒメが、天地開闢の直後に成った造化三神の内の一柱、カミムスヒの系統であることも明らかにされています。ちなみにカミムスビは、もう一柱のタカミムスビの神と対となる食糧を司る妻の役割を演じているように見えます。

もうひとつ、月読命が同じようにオオゲツヒメの食事の用意の体から生み出す行為に怒って殺す話も『日本書紀』に書かれています。月読命のことは、他に記述がないので、この神が、スサノオと同じ性格の神かどうかはわかりません。

スサノオのオオゲツヒメを殺す行為は、やはり日本の神としては尋常ではありません。異質の暴力性を感じさせます。同時にこの逸話は、すでにスサノオ以前に日本では農業が振興しており、人々の食糧事情もよかったということを暗示しているでしょう。

## 葦原中津国に降り立ったスサノオ

『古事記』によると、スサノオは、現在の島根県斐伊川にあたる「出雲国の肥河」の上流の「鳥髪」（現・奥出雲町奥鳥上）に降り立った、とされています。

《こうして高天原を追われてスサノヲノ命は、出雲国の肥河《ひのかわ》の川上の鳥髪《とりかみ》という所にお降りになった。このとき、箸《はし》がその川を流れ下ってきたので、スサノヲノ命は、その川上に人が住んでいるとお思いになって、尋ね捜して上って行かれると、おじいさんとおばあさんと二人いて、少女を間に置いて泣いていた》

（前掲書『古事記全訳注』）

ここで注目したいのは、降り立った場所に具体的な地名があるということです。そして、その地は、出雲という、大和地方よりもさらに西方の国であるということです。つまり、スサノオは東国の日高見国を追放されて、西の出雲に流されたということです。スサノオは、東から旅をして出雲にたどり着きました。

今でも伝わる「蘇民将来」という民間信仰があります。「旅の途中で宿を乞うた神を裕福な弟の巨旦将来《こたんしょうらい》が断り、貧しい兄の蘇民将来《そみんしょうらい》が粗末ながら泊めてもてなした。この神の正体こそスサノオで、日本に疫病を流行らせるために戻ってきた時、蘇民の一族には護符を渡し、災厄を逃れるよう取りはからった」という言い伝えで、この信仰は日本の各地に、また、東北にも存在します。スサノオは本州を放浪したのです。
スサノオがおじいさんに「あなたは誰か」と尋ねると、おじいさんは、「私は国つ神のオホヤマツミノ神の子です。私の名はアシナヅチ、妻の名はテナヅチといい、娘の名はクシナダヒメといいます」と答えました。

《また、「あなたはどういうわけで泣いているのか」とお尋ねになった。これに答えて、「私の娘はもともと八人おりましたが、あの高志《こし》の八俣《やまた》の大蛇《おろち》が毎年襲ってきて、娘を食ってしまいました。今年も今、その大蛇がやってくる時期となったので、泣き悲しんでいます」と申した。するとスサノヲノ命が、「その大蛇はどんな形をしているのか」とお尋ねになると、答えていうには、「その目は酸漿《ほおずき》のように真っ赤で、胴体一つに八つの頭と八つの尾があります。そした体には、ひかげのかずらや檜・杉の木が生えていて、その長さは八つの谷、八つの峠にわたっており、その腹を見ると、一面にいつも血がにじんで爛れています」と申し上げた》
（前掲書『古事記全訳注』）

スサノオは、クシナダヒメとの結婚を条件にヤマタノオロチ退治を引き受けます。

《そこでハヤスサノヲノ命がその老人に「そのあなたの娘を、私の妻に下さらないか」と仰せられると、「恐れ入ります。しかしお名前を存じませんので」とお答えした。するとスサノヲノ命は答えて、「私は天照大御神の弟である。そして今、高天原から降って来たところだ」と仰せられた。そこで、アシナヅチ・テナヅチノ神が、「それならば恐れ多いことです。娘を差し上げましょう」と申し上げた。そこでハヤスサノヲノ命は、たちまちその少女を爪形の櫛に姿を変えて、御角髪《みずら》に刺し、そのアシナヅチ・テナヅチノ神に命じて、「あなた方は、いく度もくり返し醸《かも》した濃い酒を造り、また垣を作り廻《めぐ》らし、その垣に八つの門を作り、門ごとに八つの桟《さ》敷《じき》を作り、その桟敷ごとにその濃い酒を満たして待ち受けよ」と仰せられた》

（前掲書『古事記全訳注』）

《濃い酒》は、原文読み下し文では《八《や》塩《しほ》折《をり》の酒《さけ》》と書かれています。一般的には

「ヤシオリの酒」として知られている酒です。

《それで命じられたとおり、そのように準備して待ち受けているとき、その八俣の大蛇がほんとうに老人の言葉どおり現れた。大蛇はただちに酒槽ごとに自分の頭を垂れ入れて、その酒を飲んだ。そして酒に酔って、その場に留まって寝てしまった。このときハヤスサノオノ命は、身につけておられた十拳剣《とつかのつるぎ》をぬいて、その大蛇をずたずたにお切りになったので、肥河の水は真っ赤な血となって流れた。そして大蛇の中ほどの尾をお切りになったときに、御剣の刃が毀《こぼ》れた。そこで不審にお思いになって、御剣の先で尾を刺し割《さ》いて御覧になると、すばらしい大刀《たち》があった。そこでこの大刀を取り出し、不思議な物だとお思いになって、天照大御神にこのことを申し上げてそれを献《たてまつ》られた。これが草なぎの大刀である》

（前掲書『古事記全訳注』）

草なぎの大刀（草薙剣、草那芸之大刀）は、『日本書紀』の一書によれば、もとの名前を「天叢雲剣《あめのむらくものつるぎ》」といいます。大蛇のいるところ常に上空に雲があったから名づけられたとされ、ヤマトタケルがこの剣を手にするに至って名を草薙剣と改めたとされています。

《さて、こうしてハヤスサノヲノ命は、新居の宮を造るべき土地を出雲国にお捜しになった。そして須賀の地においでになって、「私はここに来て、気分がすがすがしい」と仰せられて、そこに新居の宮を造ってお住みになった。それでその地を今でも須賀と呼んでいる。この大神が初めて須賀の宮をお造りになったとき、その地から盛んに雲が立ちのぼったので、御歌をお詠みになった。その御歌に、

盛んに湧き起こる雲が、八重の垣をめぐらしてくれる。新妻をこもらせるために、八重垣をめぐらすことよ。あの素晴らしい八重垣よ

とお歌いになった》

（前掲書『古事記全訳注』）

この時にスサノオが詠んだ歌が、日本最初の歌とされる、次の歌です。

《八雲立つ　出雲八重垣　妻籠みに　八重垣作る　その八重垣を》
（夜久毛多都 伊豆毛夜幣賀岐 都麻碁微尓 夜幣賀岐都久流 曾能夜幣賀岐袁）

## スサノオが使った魔術

ヤマタノオロチの一連のエピソードの中で注目したいのは、《そこでハヤスサノヲノ命は、たちまちその少女を爪形の櫛に姿を変えて、御角髪《みずら》に刺し、そのアシナヅチ・テナヅチノ神に命じて、「あなた方は、いく度もくり返し醸《かも》した濃い酒を造り、また垣を作り廻《めぐ》らし、その垣に八つの門を作り、門ごとに八つの桟敷《さじき》を作り、その桟敷ごとにその濃い酒を満たして待ち受けよ」と仰せられた》という部分です。

妻となるクシナダヒメの「クシ」の由来となる、スサノオの魔術が語られています。妻になるべき少女をスサノオは、ヤマタノオロチから守るべく、まず、クシ（櫛）に変えました。ここには、櫛というものが女性の身だしなみの象徴であること、女性そのものといっていいほどの感覚がある、ということを示しています。

スサノオは、少女を変身させた櫛を、《御角髪《みずら》に刺し》ます。櫛を刺すには、通常の鬢ではなく、「みずら」のスタイルにした髪の豊かな厚みが必要です。

豊富な髪量のある「みずら」は、ユダヤ人の髪型に独特のものです。

人物埴輪を見ると、頭部の表現はかなり写実的で、他の埴輪に見られるような単純性の強い形式とはだいぶ異なっています。表現ということにこだわりがあり、ユダヤ人の姿の珍しさを図式化していると

言っていいでしょう。

これは、イスラエルから日本にわたってくる間にもずっと維持し続けてきた独特の頭部のスタイルと服装を、日本の埴輪工房がしっかりと表現しようとしたものだと考えられます。

スサノオは、この髪型に、クシナダヒメを変身させた「櫛」を刺しました。スサノオがユダヤ人の髪型を模倣していると言うよりも、スサノオ自身がユダヤ人だったことを示していると考えることもできます。

先に、スサノオという名前はヘブライ語の「スサ」と「ノハァ」から成り立っているという説を紹介しました。こうした解釈によるスサノオの性格分析も、決して間違っているとは言えません。

## スサノオと西洋の怪物退治神話

スサノオはクシナダヒメという少女をヤマタノオロチという怪物から守ります。貴子が怪物から女性を守るという物語のテーマは西洋に数多く見られるものです。

レヴィ＝ストロースの構造主義の先駆とされるフランスの比較神話学者ジョルジュ・デュメジル（一八九八～一九八六年）は、英雄や戦士神が怪物を滅ぼす神話には共通の構造があると指摘しました。宗教学的な見地から、

一．英雄が
二．怪物を
三．神の助けを得て殺し
四．財を獲得する

という共通の構造を持つ神話が、西洋において、ギリシア、ローマ、インド、イラン、アイルランドなどに数多くあるというのです。そして、スサノオのヤマタノオロチ退治もこの構造の中にあることは歴然でしょう。

また、アメリカの言語学者カルヴァート・ワトキンス（一九三三〜二〇一三年）は、インド・ヨーロッパ語族の竜殺し神話をうたう叙事詩においては、「英雄が蛇を殺す」という一定の詩の形式があることを指摘しています。これも、スサノオのヤマタノオロチ退治に共通する指摘です。

インド・ヨーロッパ語族とは、ヨーロッパから南アジア、北アジア、アフリカ、南アメリカ、北アメリカ、オセアニアにかけてのエリアの語族を指します。ただし、カルヴァート・ワトキンスは、比較言語学的な観点からすれば、「英雄が蛇を殺す」という一定の詩の形式に明確に対応するのは、「インドラのヴリトラ殺し」「英雄スラエータオナのアジ・ダハーカ退治」といったインドの神話まで、つまり、地域的には西方からわたってインド止まりであるとしています。

ふつう日本人は日本文化は中国から来たと思っていますから、こうした竜退治は中国から来たものと思うでしょう。しかし、意外にも、中国には竜退治というものがないのです。

中国には、「屠竜之技」と題して、荘子（紀元前三六九年頃〜紀元前二八六年頃）の『列禦寇』という故事があります。ただし、これは、「竜を倒す技を身につけるために多くの費用と時間をかけたが、そもそも竜がいなかったので技は役に立たなかった」という教訓を語るのみで、そうした戦いに挑んだ、または挑もうとした英雄らしき存在は描かれません。故事成語としての屠竜之技は、「大きな犠牲を払って習得しても実際には役に立たない技能」という意味です。

したがって、スサノオのヤマタノオロチ退治は、インド以西に出自を持つ物語である、ということになります。大陸の以西からやって来た異民族の英雄譚であると考える必要があるのです。もちろん、スサノオ自身は日本を征服しようとしたのではなく、結果的に高天原を追放されたにせよ、アマテラスを中心とした日本人共同体に入ろう、溶け込もうとしたことは確かです。

ただし、西洋の「英雄が蛇を殺す」という西洋の一定のテーマと共通しているとは言っても、細部はやや異なっています。オロチ（大蛇）は水を支配する龍神であり、クシナダヒメは奇稲田姫、稲田姫とも書かれ、稲田を表すと見れば、これはたいへん東南アジア的です。これは、水を崇め稲作に励むといった環境が高天原＝日高見国にはすでにあったことを物語っています。寺田寅彦はヤマタノオロチは溶岩流を連想させると言っていますが、これは、アマテラスの岩戸隠れが富士山大噴火の様相を映していることと関連していて、興味深い説であると言えるでしょう。

## 鉄とスサノオ

ヤマタノオロチは炉から流れ出た銑鉄の表現だという説があります。日本では伝統的に「たたら」という製鉄が行われてきました。砂鉄や鉄鉱石を粘土製の炉の中で木炭を使って比較的低温できたえ、純度の高い鉄を生産する方法です。

このたたらを山間の谷沿いで行うことを「野だたら」と言いますが、ヤマタノオロチはこの製鉄作業の炎を表したものではないかというのです。実際、出雲には「野だたら」の遺跡が残っています。

これは、草薙の剣のエピソードは、製鉄を担う一族をスサノオが支配して鉄剣を献上させせたという事実の反映だという説につながります。これはまた、縄文時代から弥生時代にかけて日本ではすでに鉄が生産されていたということも示唆しています。

実際に、長崎県小原下遺跡では、縄文時代晩期の遺物を含む炉と思われる遺構で鉄滓が発見されています。縄文時代には、高師小僧《たかしこぞう》と呼ばれる、植物の根の回りに鉄の酸化物が付着し成長した鉱物が使われていたといいます。摂氏四〇〇度~八〇〇度といった焚き火程度の火熱で溶解する性質があるようです。

前出の百瀬高子氏の説によれば、そうした製鉄による鉄器生産が、縄文土器が多く出土する諏訪地方では縄文初期から行われていたことが証拠建てられているといいます。

諏訪地方は日高見国の一部であり、高天原の一部です。つまり、東国の鉄が出雲地方にもたらされたことが、ヤマタノオロチの神話に反映されているという可能性があります。出雲地方の山間部で、いまだ時代特定はできないものの、「野だたら」の遺跡が数多く見つかっていることには、こうした歴史的背景があると考えられるでしょう。

## 酒とスサノオ

スサノオのヤマタノオロチ退治では酒が重要な役割を果たします。

《大蛇はただちに酒槽ごとに自分の頭を垂れ入れて、その酒を飲んだ。そして酒に酔って、その場に留まって寝てしまった。このときハヤスサノオノ命は、身につけておられた十拳剣《とつかのつるぎ》をぬいて、その大蛇をずたずたにお切りになったので、肥河の水は真っ赤な血となって流れた》

（前掲書『古事記全訳注』）

ここに登場する「八塩折之酒」は、酒の記述として『古事記』に初めて登場するものです。日本における酒の起源を語っている神話でもありますが、「八塩折之酒」の原料は米ではなく、木の実あるいは果実を使ったものではないかという説もあります。

私は、ヤマタノオロチが八つの頭を突っ込んで飲んだ酒は日本の酒であり、その原料は米であり、米麴であり、水であったと思います。ヤマタノオロチが暴飲してしまうほどに、すでに美味しい飲み物だったのでしょう。

「八塩折之酒」が米の酒であるとすれば、稲作がすでに行われているということが前提となります。近年の研究調査によれば、縄文後期にはすでにイネは栽培されていました。その頃から酒もまた作られていたと考えられます。

スサノオの神話は天孫降臨以前の神話であり、現実の時代としては縄文時代ですが、その頃から酒は作られていたのです。すでに水田は広がっているのであり、神話に登場する高天原の風景とも合致します。

米を原料とした酒が文書に最初に登場するのは、『古事記』と同時代に編纂された『風土記』の逸文《いつぶん》（かつては存在していたと考えられるが現在は他の書物での引用などのみで残っている文章）として部分的に残っている『大隅国風土記』です。

《大隅の国では、一軒の家で水と米とを備えて、村中に告げてあるくと、男女が一所に集合して、米を嚙んで酒槽《さけぶね》に吐き入れて、散り散りに帰ってしまう。酒の香が出てくるころまた集まって、嚙んで吐き入れた人たちがこれを飲む。なづけてくちかみの酒という》

（『風土記』吉野裕・訳、平凡社、二〇〇〇年）

「口嚙みノ酒」は、加熱された米を口の中でよく嚙み、唾液に含まれる酵素で糖化し、野生酵母で発酵をすすめる酒で、元来、神社の巫女がその製造にあたるものでした。つまり、日本酒は、神のために作られるもの、と考えられていたのです。

折口信夫は、アメノウズメの神憑りについて、次のように述べています。

《古代に於ては、酒の用ゐられる場合は、はつきりと定まり、且、其機会も、さう度々ではなかつた。信じだけに用ゐたのである。酒を用ゐて、陶然とした境地に這入ることが、既に一つの神憑りの状態でもあつた。而も、さうした神酒を掌るのは女性であつた。沖縄では、今も、女が酒を文字通り嚙んで造つて居るところがある。古の日本でも、同様であつたことには證據が多い》

(前掲論文「上世日本の文学　天鈿女命」)

酒そのものが神の力を持っていたと考えていいでしょう。

## 放浪とスサノオ

スサノオは高天原の神々の怒りを買って追放されました。つまり、日高見国の氏族たちから追放され、西国、出雲の鳥髪山へとたどり着いたのです。スサノオは高天原を離れて「天つ神」ではなくなり、「国つ神」となりました。出雲の国つ神となって初めて出会った事件が、その地を荒らしていた巨大な怪物ヤマタノオロチへの生贄にされそうになっていたクシナダヒメとの出会いに始まるやまたのおろち退治です。

ただし、スサノオは、出雲の鳥髪山へとたどり着く前に東北や関東を通過した可能性があります。すでに触れましたが、「旅の途中で宿を乞うた神を裕福な弟の巨旦将来《こたんしょうらい》が断り、貧しい兄の蘇民将来《そみんしょうらい》が粗末ながら泊めてもてなした。この神の正体こそスサノオで、日本に疫病を流行らせるために戻ってきた時、蘇民の一族には護符を渡し、災厄を逃れるよう取りはからった」という「蘇民将来」と呼ばれる言い伝えと信仰が、日本各地、東北にも存在しているからです。

スサノオは、クシナダヒメを櫛に変えて「みずら」に刺して隠し、ヤマタノオロチを退治します。そして、ヤマタノオロチの尾から出た草那芸之大刀（草薙剣）をアマテラスに献上します。これは、アマテラスとの和解を意味しています。草那芸之大刀（草薙剣）は、古代天皇の権威たる三種の神器の一つとなり、天皇の家系に吸収され、現在は愛知県名古屋市にある熱田神宮の御神体となっています。

ヤマタノオロチを退治した後、スサノオはクシナダヒメを元の姿に戻し、出雲の根之堅洲国にある須賀の地へ行き、新居を構えて留まることになります。スサノオが詠んだ日本最初の和歌とされる《八雲立つ　出雲八重垣　妻籠みに　八重垣作る　その八重垣を》は、妻に対する愛情を詠ったものでした。以降の和歌の方向を示しています。夫婦の愛情は家庭というものの基本であり、夫婦の絆こそが重要だという日本の伝統です。

しかし、ここに少し気になることがあります。右記の歌は、「盛んに湧き起こる雲が、八重の垣をめぐらしてくれる。新妻をこもらせるために、八重垣をめぐらすことよ。あの素晴らしい八重垣よ」という意味です。家に幾重もの垣をつくるということは、必ずしも安全な場所にいるわけではなく、むしろ出雲は危険な場所であるということを意味しています。

『日本書紀』のヤマタノオロチ退治を伝える正伝の一書（異伝）として、第四に次のように書かれています。


《素戔嗚尊の行いがひどかった。そこで神々が、千座《ちくら》の置戸《おきど》の罪を科せられて追放された。このとき素戔嗚尊は、その子五十《い そ》猛《たけるのかみ》神をひきいて、新羅《しらぎ》の国に降られて、蘇戸茂利《そしもり》（ソホル即ち都の意か）のところにおいでになった。そこで不服の言葉をいわれて、「この土地には私は居たくないのだ」と。ついに土で舟を造り、それに乗って東の方に渡り、出雲の国の簸の川の上流にある、鳥上《とりかみ》の山についた。ときにそこに人を呑む大蛇がいた。素戔嗚尊は天蝿斫剣《あまのははきりのつるぎ》をもって、その大蛇を斬られた》

（前掲書『全現代語訳日本書紀』）

また、続く一書・第五には次のように書かれています。

《素戔嗚尊がいわれるのに、「韓郷《からくに》の島には金銀がある。もしわが子の治める国に、舟がなかったらよくないだろう」と。そこで髯を抜いて放つと杉の木になった。胸の毛を抜いて放つと桧になった。尻の毛は槇の木になった。眉の毛は樟《くすのき》になった。そしてその用途をきめられて、いわれるのに、「杉と樟、この二つの木は舟をつくるのによい。桧は宮をつくる木によい。槇は厳正の国民の寝棺を造るのによい。そのための沢山の木の種子を皆播こう」と。この素戔嗚尊の子を名づけて五十猛命《いそたけるのみこと》という。妹の大屋津姫命《おおやつひめのみこと》。次に抓津姫命《つまつひめのみこと》。この三柱の神がよく種子を播いた。紀伊国にお祀りしてある。その後に素戔嗚尊が熊成峯《くまなりのたけ》においでになって、ついに根の国におはいりになった》（前掲書『全現代語訳日本書紀』）

『日本書紀』に一書として、いくつかの話が書かれているように、スサノオの居場所は必ずしも固定していません。『古事記』にあるように、まっすぐに出雲へ行ったわけではないことがわかります。

《このとき素戔鳴尊は、その子五十猛神《いそたけるのかみ》をひきいて、新羅《しらぎ》の国に降られて》と書かれていますが、私は、ここにスサノオは朝鮮系であるということを見るよりも、新羅経由で日本に盛んにやって来ていた西方人の存在をユダヤ人として見る方が歴史的に正しいだろうと思います。美豆良をつけて、ユダヤ人の富への追及する性格をもっていることをすでに述べました。

## 根の国とは何か

スサノオはクシナダヒメを妻に迎え、子を授かった後、根の国へ向かいます。『日本書紀』には次のように書かれています。

《そこ（須賀の地に建てた宮）で夫婦の交わりをされて、子の大己貴命《おおあなむちのかみ》を生まれた。それでみことのりして、「わが子の宮の首長《つかさ》は、脚摩乳《あしなづち》・手摩乳《てなづち》である」といわれた。だからこの二柱の神に名を賜って、稲田宮主神《いなだのみやのぬしのかみ》という。そして自分は根の国にいかれた》

（前掲書『全現代語訳日本書紀』）

この「根の国」とは何でしょうか。イザナミが葬られた霊界である「黄泉の国」とは異なる国であることは確かなようです。

スサノオの子である大己貴命《おおあなむちのかみ》は、オホヤビコノ神という神様のアドバイスに従って、スサノオがいる根の国を訪れています。そこで大己貴命《おおあなむちのかみ》はスサノオの娘であるスセリヒメ（須世理比売）と恋に落ちます。

《スサノヲノ命の居られる所にやって来ると、その娘のスセリビメが出て、オホナムヂノ神の姿を見て、互いに目を見かわし結婚なさって、御殿に引き返してその父神に、「たいそうりっぱな神がおいでになりました」と申し上げた。そこでスサノヲノ命が出て一目見て、「これはアシハラシコヲノ命という神だ」と仰せられて、ただちに呼び入れて、蛇のいる室に寝せられた》

（前掲書『古事記全訳注』）

スサノヲは大己貴命《おおあなむちのかみ》とスセリヒメの結婚をすぐには認めず、大己貴命《おおあなむちのかみ》にいくつかの試練を与えます。右記の《蛇のいる室に寝せられた》は、その始まりでした。

《翌日の夜は、蜈蚣《むかで》と蜂のいる室《むろ》にお入れになった》

《またスサノヲノ命は、鏑矢《かぶらや》を広い野原の中に射込んで、その矢を拾わせなさった。そこでその野原にはいったとき、ただちに火を放ってその野を周囲から焼いた》

《広い大室に呼び入れて、その（スサノヲノ命の）頭の虱《しらみ》を取ることを命じられた。そこでその頭を見ると、蜈蚣《むかで》がいっぱいいいた》

（前掲書『古事記全訳注』）

そうした試練のたびごとに、スセリヒメは大己貴命《おおあなむちのかみ》に助け舟を出します。次のような調子です。

《蛇の害を祓う領巾《ひれ》をその夫に授けて、「その蛇が食いつこうとしたら、この領巾を三度振ってうちはらいなさいませ」といった》
《こんどもまた蜈蚣《むかで》と蜂を祓う領巾を授けて、前のように教えた》
《このときその妻は、椋《むく》の実と赤土とを取ってその夫に与えた。そこでその椋の実を嚙みくだき、赤土を口に含んで唾《つば》をはき出されると、スサノヲノ命は、蜈蚣を嚙みくだいて、唾を吐き出すのだとお思いになり、心の中でかわいい奴だとお思いになって、眠ってしまわれた》（前掲書『古事記全訳注』）

野原に火を放たれた時には大己貴命《おおあなむちのかみ》は鼠に救われました。「内はうつろで広い。外はすぼまっている」という鼠の謎掛けから隠れる穴を見つけて炎をやり過ごします。

こうして試練に耐えた大己貴命《おおあなむちのかみ》は、スサノヲノ命から、オオクニヌシ（大国主神）となるように言われるのです。大己貴命《おおあなむちのかみ》はスサノオの髪を室屋の垂木《たるき》に結びつけ、室屋の戸口を大岩でふさぎ、妻のスセリヒメを背負うと、スサノオの宝物である生大刀《いくたち》・生弓矢《いくゆみや》、天《てん》の詔琴《のりごと》を携えて逃げ出します。

《そこでスサノヲノ命は、黄泉比良坂《よもつひらさか》まで追いかけて来て、はるか遠くにオホナムヂノ神の姿を望み見て、大声で呼びかけて仰せられるには、「お前が持っているその生大刀《いくたち》・生弓矢《いくゆみや》で、お前の腹違いの兄弟を坂のすそに追い伏せ、また川の瀬に追い払って、貴様《きさま》が大国主神となり、また現《うつ》し国魂《くにたま》の神《かみ》となって、その私のスセリビメを妻として、宇迦《うか》の山のふもとに、太宮柱を深く掘り立て、空高く千木《ちぎ》をそびやかした宮殿に住め。こやつよ」と仰せになった。そこでその大刀や弓でもって、兄弟の八十神を追い退けるとき、坂のすそごとに追い伏せ、川の瀬ごとに追い払って、国作りを始められた》（前掲書『古事記全訳注』）

根の国は、『古事記』では、「根之堅洲國《ねのかたすくに》」、「妣國《ははのくに》」と書かれています。『日本書紀』

では「根國《ねのくに》」、「底根國《そこつねのくに》」、一〇世紀平安時代の『延喜式』に収められている神道祭祀で神に対して唱える言葉『祝詞』では「根の国　底の国」（根國底國《ねのくにそこのくに》・底根《そこね》の國）と書かれています。

つまり、日本神話における「異界」ということなのですが、その「異界」とはどのような世界でしょうか。

右記の引用で《そこでスサノヲノ命は、黄泉比良坂《よもつひらさか》まで追いかけて来て》とある通り、『古事記』においては、根の国の入口・出口は「黄泉の国」と同じく「黄泉比良坂《よもつひらさか》」です。スサノオは根の国を「妣國《ははのくに》」とも呼んでおり、オオクニヌシは生大刀《いくたち》・生弓矢《いくゆみや》、天《てん》の詔琴《のりごと》を根の国から持ち帰っています。

しかし、『祝詞』では、根の国は地下ではなく、海の彼方あるいは海の底にあるとしています。根の国は「罪穢れ」を押し流すための場所であり、悪霊邪鬼の根源であると解釈されています。

様々な説があるということは、概念としてはあるものの、具体的な地名なり、共通認識として持たれている具体的な空間がない、ということです。「高天原」という空間や

「葦原中津国」という空間が、具体的な地域として存在していたにもかかわらず、数百年という時間が経つ間に具体的な空間として共通認識されなくなったのと同じことです。高天原は東国、そして東北を指していたのですが、時の経過から、共通認識に齟齬が起きているのです。

一見、「高天原」は西洋一神教で言う「天国」に似ているように思います。同じように、「根の国」や「黄泉の国」を西洋で言う「地獄」や「魔界」になぞらえがちです。しかし、日本においては、こうした二元論的な対応は不適切です。

日本は、現実世界がすべてです。「日高見国」や「大和国」といった現実の空間しか存在しません。右記のように「根の国」の概念が不安定なのは、現実の国と対応していないからでしょう。

研究者の間には、「根の国」は地下にあったという説が当然のようにあるのと同時に、神話を現実的に解釈して地上の特定の場所をそうと考える説があります。そういった場合には、イザナミの墓とされる場所、スサノオがやって来たとされる出雲という地域、といったことが手がかりにされます。

たとえば、「夜見」という地名のある鳥取県米子市と黄泉平坂の比定地のある島根県松江市の間にあたる島根県安来市には、『古事記』に「出雲国と伯耆国の堺の比婆山」と書かれているイザナミの神陵と伝わる場所があります。そこで、この出雲東部一帯が根の国であろうとする説が成立したりするのです。

柳田國男は、根の国の「ネ」は琉球の他界信仰「ニライカナイ」から来ていて同じものだと考えました。「根」の字が当てられたために地下のイメージが強くなったに過ぎず、本来は明るいイメージの世界だった、と解釈しています。

## 「他界」と「異界」

他界と異界は違います。死んだ霊魂が向かうのが他界であり、異界はここことは異なる場所、ということです。

他界は時間的認識であり、異界は空間的認識です。そして、根の国は明らかに後者の「異界」です。それも、日本の中の「異界」ということです。つまり、スサノオが統治

する ある空間を指しています。

現代社会でも、一般的な社会から見て異質な社会空間を「異界」と呼ぶことがあります。たとえば周囲が高い壁で囲まれた、外部との接触が禁じられている刑務所や軍事基地といった空間はそれにあたるかもしれません。日本ではほとんど見受けられませんが、決まった種族の人々、宗教を同じくする信徒たち、特定政治団体の人々の社会的空間も「異界」かもしれません。

スサノオがイザナギから「海の国」を統治するように命じられたのは、スサノオがもともと「海人族」の神様だからだ、という説もあります。宗教学者の松前健氏は『神々の系譜』(PHP研究所、一九七二年)の中で、スサノオは海の彼方の「根の国」から来訪し、船に乗ってきて海上から現れ、田畑に実りを与える神として崇められたものだろう、としています。ここに、スサノオが海からやって来たユダヤ人という意味があるかもしれません。

柳田國男も同じような考え方をしていますが、古墳時代の四世紀末から五世紀はじめの頃に南方から熊野、出雲まで進出した海人たちを指している、という主張です。琉球あるいは熊野というようにたどり着いた場所は違っていますが、海人つまり海をわたってやって来た渡来人が主人公となっている、ということです。この考え方によれば、根の国は海の彼方の国です。

彼らは日本に着いた後、スサノオの一族として出雲を中心に居住し、関東・東北の日高見国に対抗する一大勢力となりました。オオクニヌシがスサノオから奪った「生大刀」は神話の時代のものとして出土する直刀とは違って反りの強い刀であり、やはり渡来人の刀であると考えられます。生大刀《いくたち》、生弓矢《いくゆみや》、天《てん》の詔琴《のりごと》は、平安時代以降、日本の刀、弓、琴となっていきます。

アマテラスの姉弟神とされたスサノオは、天地を揺るがして高天原に上ります。南西諸島から海を経由して日本に流れ着き、そして東国の日高見国を攻撃した、ということです。そして。アマテラスを脅かし、岩戸隠れという事態を招きます。スサノオはもともと「海人」であり異邦人ですから、根の国からやって来た神として暴風雨を起こして荒らしまわり、また、おそらくは疫病を流行らせて多くの人々を殺すのです。

南方ということと大いに関係して、風土記逸文の『備後国風土記』には次のような

「蘇民将来」の逸話が伝わります。

《疫隅《えのくま》の国社《くにつやしろ》。昔、北の海においでになった武塔《むたふ》の神《かみ》が、南の海の女子を与波比《よばひ》（求婚）に出ていかれたところが、日が暮れた。その所に将来兄弟の二人が住んでいた。兄の蘇民将来はひどく貧しく、弟の将来は富み、家と倉が一百あった。ここに武塔の神は宿を借りたが、惜しんで貸さなかった。兄の蘇民将来はお貸し申し上げた。そして粟柄《あわがら》（粟の茎）をもって御座所を造り、粟飯などをもって饗応した。さて終わってお出ましになり、数年たって八柱の子供をつれて還って来て仰せられて、「私は将来にお返しをしよう。お前の子孫はこの家に在宅しているか」と問うた。蘇民将来は答えて申し上げた。「私の娘とこの妻がおります」と。そこで仰せられるには、「茅の輪を腰の上に着けさせよ」と。そこで仰せのままに「腰に茅の輪を」着けさせた。その夜、蘇民の女の子一人をのこして、全部ことごとく殺し滅ぼしてしまった。そこで仰せられて、「私は速須佐雄《はやすさのを》の神《かみ》である。後の世に疫病がはやったら、蘇民将来の子孫だといって、茅の輪を腰に着けた人は免れるであろ

う」といった》

（前掲書『風土記』）

この逸話は、ディアスポラとして離散民となったユダヤ人たちが、旅の過程で出会ってきた出来事あるいは聞いた話の記憶を、日本での出来事として語ったものだと考えられます。右記にあるような、旅において繰り返される冷遇と厚遇こそ、遠路を旅することが常となったユダヤ人が常に体験してきた現実でした。

三重県津市新家町にある物部神社には、スサノオが根の国へと降る際に同社のある場所を一夜の宿として使ったという伝承が存在します。岩手県の黒石寺の近くでは、右記の伝承にまつわる蘇民祭が今でも行われています。男性達は全裸で一晩中踊り明かします。

スサノオが富士山に旅し、その地の主に一晩の宿を乞うたところが断られ、筑波山の主に乞うたところが快く受け入れてくれた、という伝承も蔑ろにはできません。富士山が常に雪に覆われている厳しい環境にあるのはその罰であり、筑波山が常に青々として緑と水に恵まれた環境にあるのはその礼だというのです。これは、高天原が関東・東北にあったという私の主張を裏付けるものでもあります。

## 和歌とスサノオ

日本最初の和歌を詠んだのがなぜスサノオだったのかという問題にも興味深いものがあります。「杉と樟、この二つの木は舟をつくるのによい。桧は宮をつくる木によい。槇は厳正の国民の寝棺を造るのによい」などと、木材の用途についての言及も、スサノオが伝統的な日本人とは異なる知識、習慣を持っていたことを想像させます。神話学に「文化英雄」という言葉があります。火や作物の栽培法などの有意義な発明や発見をもたらし、人間世界の文化に寄与したとされる神話上の伝説的人物やある種の動物のことをそう呼ぶのですが、スサノオはまさにこれにあたります。スサノオは日本人とは違う文化を持っていたのです。

剣道（剣術）はスサノオより起こる、と言われます。剣道の起源を、ヤマタノオロチを退治して「天叢雲剣《あめのむらくものつるぎ》」を得た神話に求める場合もあります。ヤマタノオロチという悪魔的存在に立ち向かって撃ち倒したスサノオの姿に、日本に、それまでになかった大陸的な闘争心を持ち込んだ英雄の姿を見ることもできます。

歌は、言葉の世界を自立させた文化です。スサノオは、文字というものを必要としなかった日本に、文学という文字世界をもたらしました。これは西方文化を知っている人がもたらしたということです。そうした人々こそ、ユダヤ人系でした。

スサノオは、文化伝播の役割を持っていました。剣道のそもそもはスサノオであるということも、平和的な縄文人に「戦う」という気風を与えた、外来の神ならではの行動でしょう。そう言えば、ユダヤ人埴輪はすべて刀を腰に刺しており、武人埴輪として分類されています。

# 第七章　「牛頭天王」となったスサノオ

## 日本に同化したユダヤ系の人々

前章までに、「スサノオは西方のもともと騎馬民族だった者が海から日本に渡来し、帰化して日本神話の主人公となったもの」ということを見てきました。日本に帰化した時点で、ユダヤ人が作り出した一神教は捨てています。

一神教は、砂漠という過酷な風土が生み出した観念です。海で孤独を強いられた海洋民も、日本に着くと外敵から守られ、温帯で豊かな水と自然に恵まれた島国・日本の風土が、砂漠や海から生み出した観念を消失させたと言うことができるでしょう。

会ってもいない、母であるという確証もないイザナミに会いに黄泉の国に行こうとしたり、姉のアマテラスに執拗につきまとうスサノオの行動は、母性愛というものを日本で初めて知ることができた喜びに満ちた行動だと解釈することもできます。ただし、スサノオは、残存する砂漠や海の孤児としての感覚によって、暴力的な残酷性を時に表に出してしまいます。そういう行動に慣れていない高天原の人々（神々）はスサノオを嫌い、追い出してしまうのです。

スサノオには、愛情の欠如を日本という環境で初めて満たそうとする子供の感性を見ることができます。愛情に対する飢えというものが、『古事記』『日本書紀』にはよく表現されていると言うことができるでしょう。

日本に渡ってきたユダヤ系の人々は、戦いの宗教を亡失し、縄文時代から継がれる神道に仏教を加えた神仏融合の信仰の中に深く入り込んでいきます。日本の信仰がユダヤ的一神教に優った、ということです。すべては、日本の豊かな風土がなせる技でした。

## スサノオに対する新しい信仰

スサノオは後に、牛頭天王と呼ばれるようになります。牛頭天王とは神仏集合の神です。これは、スサノオが日本人の新たな信仰対象となったということを意味します。

スサノオは、京都の祇園祭の総本山である八坂神社の祭神です。八坂神社系の全国の鎮守社の祭神でもあります。

八坂神社の公式ウェブサイトには、「創祀」として、次のように書かれています。

《当社は慶応四年（一八六八年）五月三十日付の神祇官達により八坂神社と改称するまで、感神院または祇園社と称していた。創祀については諸説あるが、斉明天皇二年（六五六年）に高麗より来朝した使節の伊利之《いりし》が新羅国の牛頭山に座した素戔嗚尊を山城国愛宕郡八坂郷の地に奉斎したことに始まるという》

『日本書紀』にも、伊利之が来朝したこと、スサノオが子の五十《いそ》猛神《たけるのかみ》とともに新羅国の蘇戸茂利《そしもり》に降りられたことが書かれています。平安時代初頭の『新撰姓氏録』の「山城国諸蕃」の項には、渡来人「八坂造《やさかのみやつこ》」の祖は「狛国人、之留川麻之意利佐《しるつまのおりさ》」と記されています。「意利佐」と「伊利之」は同一人物だといいます。伊利之の子孫は、代々「八坂造」となるとともに、日置造《へきのみやつこ》も司って子孫は繁栄したといいます。

繰り返しになりますが、スサノオが新羅に「降りた」という『日本書紀』の記述は、スサノオは朝鮮系であると言うよりも、新羅を経由してやってきた西方系民族の一員だった、と解釈する方が現実的です。

《元慶元年（八七七年）疫病が流行したので占ったところ、東南の神の祟りとされた。そのため各社に祈り奉幣が行われたが、一向に治まらなかった。さらに占ったところ、東山の小祠の祟りとわかり勅使を発遣、祈ったところ疫病の流行が止んだ。これが祇園社の発展の契機となり、僅か二年後の元慶三年（八七九年）には陽成天皇より堀川の地十二町が神領地として寄進され、また同地の材木商人三六〇人は神人に補せられ、経済的基盤が早くも確立した》（八坂神社ウェブサイト）

八坂神社は「祇園祭」が開催されることでたいへん有名です。「祇園祭」も、疫病から京都民を救うために行われる祀りであるとされています。平安時代にも疫病が流行りました。《円融天皇は、天延三年（九七五年）六月十五日に走馬・勅楽・御幣を奉られ、これ以後、祇園臨時祭が六月十五日に継続執行されるようになった》と考えられています。

## ソシモリと牛頭

スサノオが子の五十猛神《いそたけるのかみ》をひきいて行った新羅国の蘇尸茂利《そしもり》のソシモリは、日本語では「牛頭」とも書くといいます。スサノオと牛頭との関係はこうしたことからも考えられるのですが、一方でインドとの関係があります。「牛頭」はインドの祇園精舎でも守護神として祀られている存在であり、このインドの「牛頭」が日本に伝来した際に、「両部神道」という神仏習合思想に則っていつしかスサノオに乗り移り、それが厄除けの神へと進化し、その結果として、元来はスサノオを祀っていた祇園社においても牛頭天王が祀られるようになったのだ、と考えられます。

ただし、この説明では、スサノオがなぜインドの牛頭天王と結びついたのかが明らかではありません。牛頭天王が祇園精舎の守護神であるということは、スサノオとは結びつかないのです。

私はこれまで、「スサノオは皇統とは異なる行動をしてきた」ということに注目してきました。そこには大陸西方の遊牧民系の影響があるということを論じてきました。秦氏が日本に帰化していく過程とリアルタイムである古墳時代の墳墓から、多数の馬の埴輪とともに、多数のユダヤ人埴輪が出土しています。そのことと大いに関係があるはずです。スサノオの「スサ」はヘブライ語で解釈できるという説もあります。

牛の頭を崇める風習が、イスラエルのカナンの地に存在します。そうした習慣は、ユダヤの民といわれる弓月国の人々の移民などによってもたらされた秦氏の風習だった可能性があります。弓月国の人々が秦氏を形成し、その秦氏が八坂神社の建立者なのであれば、その関連は明らかです。

「牛頭」は「ゴズ」と読みますが、ヘブライ語ではGZLの子音を持ち、ガゼラあるいはゴゼルと発音されるといいます。そしてこの言葉の意味は「略奪」です。

## 略奪とスサノオ

ユダヤ系の人々は秦氏として日本に帰化しました。その影響の一つとして、『古事記』

『日本書紀』に、西方由来の人々、具体的に言えばスサノオの性格が明らかにされています。

略奪は、故郷なき流浪民にとっては、戦いの一つであり避けては通れないものです。略奪するかされるかという歴史の中に彼らは生きてきました。ユダヤ研究者によれば、ユダヤの救世主イザヤが二男につけた名前「マヘル・シャラル・ハシュ・バズ」の意味は「急いで略奪し速やかに捕獲する者」だといいます。

「略奪」という言葉に関する研究者の言葉には真実性があると思います。イスラエル北王国の滅亡を予言したイザヤは、アッシリアの大軍の攻撃によっていよいよ滅びるとなったとき、家族と大勢のイスラエルの民を連れて国を脱出しました。子の名前に「略奪」の意味をもたせることは必然でしょう。恐ろしいと思えるその名前は、そうしなければ生きていけない悲劇を背負った民族の救世主としての運命をよく示しています。

彼らは日本にたどり着き、その風土に触れて初めて、「略奪」を必要としなくなったのです。『旧約聖書』の申命記にある「あなたの先祖たちも知らなかった木や石、ほかの神々に使える」ユダヤ人となりました。スサノオがヤマタノオロチを殺し、その尾から取り出した草薙剣をアマテラスに献上する心情は、自然神の国に同化していく彼らの姿をよく示していると言えるでしょう。スサノオに牛頭＝ゴズ＝略奪の名を与えたのは、ユダヤ人たちが秦氏となって日本に定着した後、自らの長い闘争の歴史をスサノオに託すことによって終止符を打ったのではないかとさえ思います。

## スサノオと牛頭天王の共通性

牛頭天王は、仏教の「祇園精舎」を守る大王として知られています。『祇園牛頭天王御縁起』によれば、本地仏は東方浄瑠璃世界（東方浄土）の教主・薬師如来であるとされています。ただし、牛頭天王は十二の大願を発し、須弥山中腹にある、日本のことであるともとれる「豊穣国」の武答天王の一人息子として垂迹した、とされています。

この武答天王の一人息子＝牛頭天王は、七歳にして身長が七尺五寸あり、三尺の牛の頭を持ち、三尺の赤い角を持っていたといいます。醜かったおかげで妃を娶ることもなく、酒浸りでした。憂さ晴らしにと狩りに誘われ、出会った鳩が、いい娘のいるところに案内すると言うので旅に出ます。

牛頭天王は、長者である古単将来に宿を求めますが、吝嗇な古単はこれを断ります。それに対して兄の蘇民将来は、貧しいのにもかかわらず粟飯で歓待して宿を貸します。蘇民のもてなしに対して牛頭天王は、願い事がすべて叶う牛玉を蘇民に授け、蘇民は富貴の人となります。

竜宮へ赴いた牛頭天王は、竜宮の娘を娶り、八年を過ごして八王子をもうけました。妃を得た牛頭天王は豊穣国に戻る途中、八万四千の眷属を差し向けて古単に対する復讐を図ります。古単は千人の僧侶を集めて大般若経を七日七晩にわたって読経させますが、法師の一人が居眠りをしたために失敗し、古単の眷属五千人余がことごとく蹴り殺されます。

この殺戮のなか、牛頭天王は、蘇民の娘であることから古単の妻を助命しました。そして、「茅の輪をつくって、赤絹の房を下げ、「蘇民将来之子孫なり」との護符を付ければ、末代まで災難を避けることができる」という除災の法を教示します。

牛頭天王の、古単の眷属五千人余をことごとく蹴り殺す、という行状は、農耕人の多い日本人的なものではなく、大陸の遊牧民的なものです。スサノオの行状に似ているところがあります。ここにも、牛頭天王とスサノオの同一化の背景があると考えられます。

## 八坂神社と秦氏

秦氏が八坂神社を創建したという隠された事実は、牛頭天王に隠された事実とも呼応しますし、スサノオに関係する新羅の「羅」という文字、あるいは狛国の「狛」という字の原義に関連します。これらの字は実は朝鮮、中国に関係はなく、西方の人々がやって来ていたことの証左でもあります。朝鮮半島は大陸人の廊下であって通過地に過ぎず、西方の人々の目的地は、日本という「太陽の登る国」にありました。

私は、日本人の祖先はユダヤ人であるという「日猶同祖論」に立つものではありません。ユダヤ人が祖先なのではなく、ユダヤ人は日本人に同化したのです。日猶同祖論者がよく言う、祇園はシオンであり、山鉾はノアの方舟であるという、多くの京都人にとっては到底受け入れられない仮説があります。これは、流浪の民たる人々の習俗にある、絵に描いたように美しいピトレスクな祭式を、秦氏が、ユダヤ人の一神教も終末思想ももはや受け入れてはいないものの祇園祭の装飾的な儀式に適用したものだろうと思います。

疫病が止んだことの礼としての祭典が祇園社の発展の契機となりました。それが発展して祇園祭となります。疫病が流行ったのは八七七年で、そのわずか二年後には陽成天皇から堀川の地一二町が神領地として寄進され、同地の材木商人三六〇人が神人に補せられることで経済的基盤が早くも確立した、と言われています。

また、代々、藤原氏の崇敬もあつく、藤原基経は邸宅を寄進し、感神院の精舎としたと伝わっています。藤原道長もたびたび参詣したことは、祇園社の地位が高まることに結びついたとされています。

すでに触れたように、円融天皇が九七五年六月一五日に走馬・勅楽・御幣を奉られたことから、祇園臨時祭が六月一五日に継続執行されるようになったと考えられています。秦氏が提供する祭りの造形性は、この頃から、京都の人々に親しみと敬愛の念を抱かせてきたのです。現代において、キリスト教徒は全人口の一パーセントもいないのにクリスマスや教会結婚式を楽しむように、同化異民族の祭典を真似ることで、遠く大陸の西方からやって来た祖先に敬愛の念を示したということかもしれません。

祇園社には、一〇七二年後三条天皇の行幸がありました。最初の天皇行幸で、それ以降、天皇・上皇の行幸は続けられました。

## 今もなお祀られるスサノオ

感神院または祇園社と称していた八坂神社の前身は、平安貴族だけでなく、武家からの崇敬も受けていました。平清盛の田楽奉納や源頼朝の狛犬奉納といった歴史は、境内を歩くだけでも見かけることができます。足利将軍家は、社領の寄進・修造を行いました。社務執行は将軍家代々の祈禱もつとめています。

八坂神社のウェブサイトには者の歴史として、ここまでに述べてきたことの他に、豊臣秀吉が母大政所の病気平癒を祈願して焼失していた大塔を再建したこと、一万石を寄進して時代の影響で荒廃した社の再興が進んだこと、江戸時代には徳川家もあつく信仰し、家康は社領を寄進し、家綱は現存する社殿を造営するとともに数多くの神宝類を寄進したことを伝えています。一八六八年に八坂神社と改称され、明治に入って一八七二年に官幣中社に列格し、大正時代の一九一五年、官幣大社に昇格しました。

このような形で京都のスサノオ信仰は引き継がれました。その一方で、関東を中心として、スサノオを主祭神とする氷川神社があります。埼玉県の武蔵一宮氷川神社を総本社として、氷川神社は東京と埼玉県だけで約二八〇社あります。

関東でももちろんスサノオは崇敬されています。日高見国に深く関係する神として信仰があついのだと言うことができるでしょう。

武蔵一宮氷川神社は旧官幣大社であり、元旦に天皇陛下が行われる四方拝で遥拝される神社の一つです。スサノオは、太陽神アマテラスを姉として慕い、関東武士の発祥タケミカヅチの祖として崇敬される、東国の神でもあったのです。

【著者紹介】
**田中英道**（たなか・ひでみち）
1942年生まれ。歴史家、美術史家、東大文学部卒、ストラスブール大学Ph. D.。東北大学名誉教授、ローマ、ボローニャ大学客員教授。
主な著書に『日本美術全史』（講談社）、『日本の歴史』（育鵬社）、『レオナルド・ダ・ヴィンチ』（講談社）いずれも欧語版、『芸術国家　日本のかがやき』『高天原は関東にあった』『日本の起源は日高見国にあった』『天孫降臨とは何であったのか』『日本人を肯定する』『邪馬台国は存在しなかった』『誰も語らなかった　フェルメールと日本』『日本神話と同化ユダヤ人』（勉誠出版）他多数。

荒《あら》ぶる神《かみ》、スサノオ

2021年9月15日　初版発行

著　者　田中英道
制　作　㈱勉誠社
発　売　勉誠出版㈱
〒101-0061　東京都千代田区神田三崎町2-18-4
TEL：(03)5215-9021(代)　FAX：(03)5215-9025
〈出版詳細情報〉http://bensei.jp

印刷・製本　中央精版印刷
ISBN 978-4-585-32005-0　C0021

## 「国譲り神話」の真実
神話は歴史を記憶する

神話と歴史が結びつく国、日本。『古事記』『日本書紀』を丹念に読み解き、実際の遺跡・考古学的資料と比較することで、古代日本を解き明かす。

田中英道 著・本体一〇〇〇円（＋税）

## 高天原は関東にあった
日本神話と考古学を再考する

邪馬台国・卑弥呼は実在しなかった！　鹿島・香取神宮の存在が、日高見国の位置を明らかにしている！　古代の文献と考古学的を読み解き、新たな古代史を考察する。

田中英道 著・本体二八〇〇円（＋税）

## 日本の起源は日高見国にあった
縄文・弥生時代の歴史的復元

「高い太陽を見る国＝日高見国」は実在した！　美術史の大家が、生物学、神話学、考古学を縦横無尽に博捜して解き明かす、古代史の謎。

田中英道 著・本体一〇〇〇円（＋税）

## 天孫降臨とは何であったのか

天孫降臨は天＝空から「降りる」ではない？　サルタヒコは縄文を体現している？　最新の考古学と科学分析の成果から、神話を新たに読み解く。

田中英道 著・本体一〇〇〇円（＋税）

## 芸術国家 日本のかがやき I
縄文時代から飛鳥時代

独自の文明・芸術国家を発展させた日本。日本人の感性、知性、創造性の「すぐれ」の淵源は縄文時代の火焔土器や土偶に表れている。形象から把握する新しい日本文化史。

田中英道 著・本体三二〇〇円（＋税）

## 芸術国家 日本のかがやき II
天平時代から鎌倉時代

日本芸術が世界で最も輝いていた天平時代から鎌倉時代。時間軸のみで捉える歴史観ではなく、様式の形式、すなわち文化的達成度の比較から彼我の歴史を見直す。

田中英道 著・本体二八〇〇円（＋税）

## 芸術国家 日本のかがやき III
室町時代から現代

浮世絵は芸術の民衆文化の象徴であり、芸術国家・日本の名を世界的にした。日本の美術・芸術・文学を歴史と画像で実証する壮大な文明論。

田中英道 著・本体三四〇〇円（＋税）

## 鎌倉文化の思想と芸術
武士・宗教・文学・美術

社会、政治、宗教、美術、文学など分野ごとに論じられてきた歴史を統合し、人々の生き生きとした創造性を中心に歴史を再編成し、鎌倉文化を再評価する。

田中英道 著・本体三五〇〇円（＋税）

# 日本人を肯定する
## 近代保守の死

変質したマルクス主義の根底にある聖書の思想の正体と暴力と執拗な批判による伝統文化、秩序の破壊を正当化する運動の関連を明らかにする。

田中英道 著・本体一〇〇〇円（＋税）

# 老年こそ創造の時代
## 「人生百年」の新しい指針

葛飾北斎九十歳、ミケランジェロ八十九歳。大芸術家たちの「人生百年」論。国内外の先人に学ぶことで、現代を生きる老人たちの新しい生き方を模索する。

田中英道 著・本体一〇〇〇円（＋税）

# 世界神話伝説大事典

全世界五十におよぶ地域を網羅した画期的大事典。「神名・固有名詞篇」では一五〇〇超もの項目を立項。現代にも影響を及ぼす話題の宝庫。

篠田知和基・丸山顯德 編・本体二五〇〇〇円（＋税）

# 世界神話入門

宇宙の成り立ち、異世界の風景、異類との婚姻、神々の戦争と恋愛…。世界中の神話を類型ごとに解説し、神話そのものの成立に関する深い洞察を展開する。

篠田知和基 編・本体二四〇〇円（＋税）

## 水・雪・氷のフォークロア
### 北の人々の伝承世界

北方に生きる人々の自然観・世界観をフィールドワークや文献資料を通して垣間見ることで、これからの人間と自然環境の共存のあり方を考える。

山田仁史・永山ゆかり・藤原潤子 編・本体三五〇〇円（＋税）

## フランスの神話と伝承

蛇女メリュジーヌ、魔女、ガルガンチュアから赤ずきん、青ひげ、星の王子様まで…時に恐ろしく、時に滑稽で、妖艶な神々や妖精の活躍を読み解く！

篠田知和基 編・本体一五〇〇円（＋税）

## 超域する異界

洋の東西を問わず、古代から現代に至るまで、人間の精神文化のなかに表現やかたちを変えながら遍在する「異なるもの」の多面的価値を浮き彫りにする。

大野寿子 編・本体六五〇〇円（＋税）

## 怪異・妖怪の世界
### モノと図像から探る

考古学・民俗学という二つの分野の研究を駆使し、それぞれが研究対象とする遺物や遺跡、儀礼や祭礼の世界から怪異・妖怪現象を探る。

天理大学考古学・民俗学研究室 編・本体一六〇〇円（＋税）

## 日本ミステリアス
## 妖怪・怪奇・妖人事典

ときにユーモラスで楽しく、ときに恐ろしく、哀しく寂しい…妖怪・鬼・悪霊から神仙・超人まで、日本に息づく異界のものたちを網羅した、不可思議総合事典！

志村有弘 編・本体四五〇〇円（＋税）

## アジアの怪奇譚

アジア地域に伝わる怪奇譚、妖怪譚を総覧。古典史料・文芸作品はもとより、絵画、謡曲までも俎上に乗せ、妖怪、怨霊、鬼、怪異を一網打尽にする！

志村有弘 編・本体二〇〇〇円（＋税）

## 古代世界の霊魂観

諸文化における「霊魂」を文化人類学・考古学・宗教学・文学・神話学など多様な視角から論述。時代、地域を越えた総合的な比較研究のための基盤を構築する。

加藤隆浩 編・本体二〇〇〇円（＋税）

## 怪異を媒介するもの

「怪異」の表象には、神霊と人、人と人を媒介する知と技が重要な役割を果たしてきた。その諸相を検討し、怪異を巡る社会や人々の心性のダイナミズムを明らかにする。

東アジア恠異学会 編・本体二八〇〇円（＋税）